บางลำพูล้ำค่า
Banglumpoo Lumka
Бесценный Banglumpoo

ตลาด ร้านค้าและสถานที่เก่าแก่ที่ควรเก็บรักษา
A Priceless
Historic Place in Bangkok

Бесценное
Исторический район в Бангкоке

สงวนลิขสิทธิ์ ©โฮมแลนด์โซไซเอตี้ และ เฉลิมพล อินทะ ๒๕๕๖
สงวนลิขสิทธิ์ทั้งหมด
ไอเอสบีเอ็น ๙๗๘-๐-๙๙๑๐๘๑๘-๐-๖

ห้ามใช้หรือคัดลอกหนังสือเล่มนี้โดยไม่ได้รับอนุญาตเป็นลายลักษณ์อักษร

เราได้ตรวจสอบลิขสิทธิ์อย่างดีที่สุดที่จะทำได้ ความผิดพลาดตกหล่นจะได้รับการแก้ไขในการพิมพ์ครั้งต่อไป

บรรณาธิการ: โฮมแลนด์โซไซเอตี้
ออกแบบ: เฉลิมพล อินทะ
ขอบคุณพิเศษ: ซูซาน สไตนเคลเล่อร์ การศึกษามหาบัณฑิต (ฮาร์วาร์ด) ใบรับรอง การศึกษาชั้นสูง (เซ้าเธิน-เมน) ผู้ตรวจสอบภาคภาษาอังกฤษ

ติดต่อ: www.homelandsociety.org
intha@rcn.com

Copyright © Homeland Society and Chalermpol Intha 2013
All rights reserved
ISBN 978-0-9910818-0-6

No part of this book may be used or reproduced in any manner without permission from the publisher except in the context of reviews.

Every reasonable attempt has been made to identify Owners of copyright. Errors and omissions will be corrected in subsequent editions.

Editor: Homeland Society
Designer: Chalermpol Intha
Special thanks to: Susan Steinkeler, M. Ed. (Harvard), CAS. (U. of Southern Maine) for reviewing the English version

Contact: www.homelandsociety.org
intha@rcn.com

Оглавление
สารบาญ

๑ บางลำพูล้ำค่า	๔
๒ บางลำพูต้องการนักท่องเที่ยว? นักท่องเที่ยวต้องการบางลำพู?	๑๖
๓ ล้างถนนที่บางลำพู	๒๒
๔ การบำรุงรักษาต้องอยู่คู่บ้านเมือง	๔๖
๕ อาคารที่ถูกละทิ้งควรจะปล่อยให้ยืนอยู่ที่นั่นตลอดไป?	๖๒
๖ ป้ายโฆษณา	๘๐
๗ สายไฟฟ้าที่รกรุงรังเหนือหัว	๑๐๔
๘ ทางเท้า	๑๒๐
๙ การระบาย น้ำเสีย	๑๓๖
๑๐ ร่มเงาต้นไม้	๑๗๐
๑๑ เมืองจราจรที่ฉลาด อะไรคือจราจรฉลาด?	๑๙๔
๑๒ วัฒนธรรม ประเพณี ที่ต่ำที่สูง	๒๑๐

Оглавление
Table of Contents

1 Banglumpoo Lumka	5
2 Does Banglumpoo need **tourists?** **Do tourists** need Banglumpoo?	17
3 Wash Streets at Banglumpoo	23
4 Ongoing Maintenance	47
5 Should **deserted structures** be allowed to stand there forever	63
6 Large **Billboards**	81
7 Snarled Overhead Electrical wiring	105
8 Sidewalks	121
9 **Sewerage** system	137
10 Sunshade and **Planting**	171
11 **Smart** Automobile -Traffic City What does this mean?	195
12 Respect Culture and Tradition **Good Manners**	211

บทที่ ๑

บาง**ลำพู**ล้ำค่า

เราหยิบหนังสือเล่มใดเล่มหนึ่งขึ้นมาดูก็เพราะมีอะไรสะกิดใจ เป็นเรื่องที่สังคมสนใจ หรือแปลกใหม่น่าสงสัย พลิกดูน่าอ่านหรือนอนดีกว่า ถ้าอ่านจะได้อะไร ใช้เวลาเท่าไร การอ่านเร็วเป็นศาสตร์ที่ต้องเรียน บางคนเก่งมากอ่านพจนานุกรมฉบับเต็มจบภายใน **๑๐ นาที**

Бесценный Banglumpoo

Chapter 1

Мы пролистываем книгу для этого, интересует нас.

Banglumpoo Lumka

We browse a book for it interests us. It may be due to everybody's interest at the time, or due our own curiosities. We browse if it's worth reading. Why and how much time? Speed reading is a skill we need to learn. Some well trained people can finish an unabridged encyclopedia in 10 minutes.

Мы пролистываем книгу для этого, интересует нас.

บางลำพูล้ำค่า

เราหยิบหนังสือเล่มใดเล่มหนึ่งขึ้นมาดูก็เพราะมีอะไรสะกิดใจ เป็นเรื่องที่สังคมสนใจ หรือแปลกใหม่น่าสงสัย พลิกดูน่าอ่านหรือนอนดีกว่า ถ้าอ่านจะได้อะไรใช้เวลาเท่าไร การอ่านเร็วเป็นศาสตร์ที่ต้องเรียน บางคนเก่งมากอ่านพจนานุกรมฉบับเต็มจบภายใน ๑๐ นาที

การอ่านช้าบางทีก็น่าสนใจ ในรถใต้ดินที่บอสตั้นหญิงสาวคนหนึ่งขึ้นมากับหนังสือเล่มหนึ่ง เมื่อได้ที่นั่งเธอก็อ่านของเธอ แต่ละหน้าของเธอไปได้ช้าหลายสถานี แต่กระบวนการของเธอสวยงามนุ่มนวลสบายใจ กว่าจะจบเล่มต้องเดินทางหลายวันหรือต้องไปอ่านในรถใต้ดินนิวยอร์ค เมืองที่ใหญ่กว่า การอยู่เมืองใหญ่อย่างนิวยอร์คผู้คนใช้เวลาเดินทางมาก เวลาที่เหลือทำอย่างอื่นมีน้อยลง เมื่ออยู่นานปีโรคประสาทก็ออกลาย รถใต้ดินนิวยอร์คมีผู้โดยสารพูดบ่นให้ตนเองฟัง ค่อยบ้างดังบ้างแล้วแต่จำนวลปีที่อยู่นิวยอร์ค คนที่พูดบ่นให้ตนเองฟังไม่ได้จำกัดอยู่ในรถใต้ดินเท่านั้น บนถนนก็มี ที่มอสโคว์รัฐบาลมีวิธีกำจัดโรคประสาทนี้โดยปล่อยให้ล้อกับรางรถใต้ดินฟัดกันเสียงสนั่นหวั่นไหว ผู้โดยสารที่คิดจะพูดบ่นให้ตนเองฟังไม่สามารถได้ยินเสียงของตนได้ก็เลิกพูด หรือมีการพูดแต่ไม่มีใครได้ยิน ถือเป็นความสำเร็จของผู้นำรัสเซีย

กรุงเทพฯเป็นเมืองใหญ่ที่มีปัญหามากสืบเนื่องมาจากการเจริญเติบโตของเมืองทางด้านวัตถุอย่างรวดเร็วในสังคมบนรากฐานของเศรษฐกิจในประเทศกสิกรรมและในวัฒนธรรมเก่าแก่เอเซียตะวันออกเฉียงใต้

บางลำพูเป็นหมู่บ้านริมแม่น้ำเจ้าพระยาฝั่งตะวันออกในเมืองบางกอก ซึ่งปลูกล้อมรอบวัดชนะสงคราม (ชื่อเดิมวัดกลางนาหรือวัดตองปุ ชื่อปัจจุบันได้มาในรัชกาลที่ ๑) หมู่บ้านนี้ได้ชื่อมาจากป่าลำพู (ต้นโกงกางชนิดหนึ่ง) ที่ขึนอยู่ริมนำในละแวกนั้น เป็นที่พักอาศัยของข้าราชการ (ในรัชกาลที่ ๑) มาเป็นแหล่งการค้า เป็นเมืองประวัติศาสตร์บนยอดเหนือของเกาะรัตนโกสินทร์ บางลำพูได้รับการคุ้มครองทั้งสถาปัตยกรรมและผังเมือง เป็นแหล่งการค้าในเมืองประวัติศาสตร์ที่เป็นกลุ่มก้อนต่อเนื่องในกลุ่มถนนหลายสายและต่อเนื่องในกาลเวลาที่มีการค้า ท้องถิ่นอย่างนี้หาดูได้ยาก ส่วนมากถูกรื้อทิ้งในการพัฒนาเมือง บางลำพูนี้จึงมีค่า จึงล้ำค่า

บางลำพูจะมีค่า ล้ำค่า ต้องการๆปรับปรุงดูแลรักษาเป็นเงาตามตัว เพื่อให้สอดคล้องกับการใช้สอย ความสะอาดปลอดภัยวัฒนธรรม เหมาะสมที่เป็นเมืองประวัติศาสตร์ การดูแลรักษารวมทั้งการล้างถนน ล้างตึกทาสีตึก ลื้อถอนอาคารที่ว่างเปล่า ควบคุมป้ายโฆษณา สายไฟฟ้าที่รุงรังเหนือหัว ควบคุมทางเท้า สร้างระบบท่อส้วมทั้งเมือง ทำความสะอาดคลอง ป้องกันน้ำท่วม สนับสนุนการสร้างร่มเงาและการปลูกต้นไม้ ควบคุมเสียงและการจราจร ควบคุมการกระทำอุจาดอนาจาร ส่งเสริมความปลอดภัย บางลำพูจะมีค่าล้ำค่ายืนยงเหมาะสมที่เป็นเมืองประวัติศาสตร์คู่กับบ้านเมืองยุคใหม่อย่างที่เราพากพูมใจ

Banglumpoo был деревней на восточном банке Chao Praya Река в городе 'Бангкока'.

Banglumpoo Lumka

We browse a book for it interests us. It may be due to everybody's interest at the time, or due to our own curiosities. We browse if it's worth reading. Why and how much time? Speed reading is a skill we need to learn. Some well trained people can finish an unabridged encyclopedia in 10 minutes.

Slow reading can be interesting too. In the Boston subway, a young woman walked in with a book. Once seated, she started reading; she took a few stations per page. But she progressed so beautifully and soothingly. It could take her many days to finish the book or must read it in the New York subway, a bigger system. In NYC people spend more time in the subway, only small time in other things. Frustration is often apparent. The people frequently mumble, talk, and shout to themselves after number of years in NYC. This is not limited to the subway but in the streets as well. In Moscow the government has a solution. By letting wheels and tracks make maximum noise, no passengers can talk. They may try to talk, but they won't be heard. It is a Russian success.

Bangkok is **a big city** with so many problems deriving mostly from an unplanned Westernization of Thailand's farming root and its profound culture of the Southeast Asian country.

Banglumpoo was a village on the east bank of the Chao Praya River in the town of "Bangkok." It was built surrounding Wat Cha-Na-Song-Krarm (Wat Glangnar or Wat Tongpu then; the present name was given during King Rama I). The village name came from tropical mangrove trees (Rhizophora – true mangrove) called "Lumpoo" growing along the water edges there. It housed residences of government officers who worked for the King at the time. It's now a historic shopping district on the northern tip of Rattana Kosin Island. It is protected for it's architecture and city planning. Old shopping places like this in Bangkok are hard to find, most were torn down for new development. Banglumpoo is rare and priceless.

To remain priceless, Banglumpoo needs improvements, maintenance and repairs to make it functional, clean, safe, and fit in the Thai culture as well as fit as a historical district it deserves. The tasks should include street cleaning, cleaning and painting buildings, removing deserted structures, controlling advertising billboards, eliminating overhead wiring, safeguarding sidewalks, providing a sewer system, cleaning and maintaining canals, preventing flooding, promoting sunshades and planting, controlling noise and traffic, mitigating inappropriate graphic or pornographic exposures and promoting public safety. Banglumpoo will remain priceless as one of the rarest historical districts, standing with pride, side by side with the contemporary Bangkok.

Почему Banglumpoo является бесценным (Lumka)?

ทำไมบางลำพูจึงล้ำค่า?

บางลำพูเป็นพื้นที่ดั้งเดิมในเมืองหลวงสยาม เมื่อรัชกาลที่ ๑ สถาปนากรุงเทพฯ (พ.ศ. ๒๓๒๕–๒๓๒๘ หรือ ค.ศ. ๑๗๘๒–๑๗๘๕) ให้เป็นเมืองหลวง บางลำพูเป็นพื้นที่เริ่มแรกที่รวมอยู่ในกำแพงเมือง เมื่อเทียบยุคสมัยจะเป็น ๓๒ ปี หลังการปฏิวัติอุตสาหกรรม ในอังกฤษ ตรงกับเวลาตอนปลายของอาณาจักรออตโตมาน หรือเริ่มต้นการปฏิวัติโค่นกษัตริย์ในฝรั่งเศษ เป็นปีที่ รัฐสภาของไอริชชนะนิติบัญญัติเป็นเอกราชจากอังกฤษ เป็นปีที่อังกฤษ ถอนทหารออกจากอเมริกา หลังจากสู้รบกันอยู่เป็นเวลานาน เป็นเวลา ๖ ปี หลังจากสหรัฐอเมริกาประกาศอิสระภาพ เป็นเวลา ๑ ปี หลังการสถาปนาของเมืองลอสแองเจลเลส และเป็นเวลา ๗ ปี ก่อนจอร์จ วอชิงตัน ขึ้นเป็นประธานาธิบดีสหรัฐอเมริกา

ปัจจุบันบางลำพูตั้งอยู่ในแขวงพระนคร เป็นแขวงที่ชื่อมีความหมายว่ากรุงเทพฯ

ในสมัยกรุงศรีอยุธยา พื้นที่แถวนี้บนสองฝั่งแม่น้ำเจ้าพระยาประมาน ๕ ไมล์จากอ่าวไทยมีชื่อรวมๆกันว่า "บางกอก" มีหน้าที่ที่เรียกว่า"ขนอนบางกอก" เป็นด่านภาษีเรือต่างชาติเข้าประเทศ ประชาชนในเมืองนี้เฉลียวฉลาดเพราะได้พบปะผู้คนทั้งชาวต่างชาติและธุรกิจ

เมื่อพระเจ้าตากสินสถาปนา"บางกอก"ให้เป็นเมืองหลวงแทนอยุธยาเมื่อ ๑๕ ปีก่อน ชื่อ "บางกอก" เปลี่ยนเป็น"ธนบุรีศรีมหาสมุทร์"หรือสั้นๆว่า"ธนบุรี" รัชกาลที่ ๑ เปลี่ยน"ธนบุรี "เป็น"กรุงรัตนโกสินทร์ อินอโยธยา" เมืองหลวงย้ายไปตั้งอยู่ฝั่งตะวันออกของแม่น้ำ มีการขุดคลองใหม่ ด้านเหนือชื่อคลองบางลำพู ด้านตะวันออกชื่อคลองโอ่งอ่างและคลองรอบกรุง เมืองหลวงใหม่มีลักษณะเป็นเกาะคล้ายอยุธยา กรุงรัตนโกสินทร์ได้รับอิทธิพลจากอยุธยาเพราะรัชกาลที่ ๑ คุ้นเคยกับเมืองหลวงเก่าเป็นอย่างดี เกาะก็ได้ชื่อรัตนโกสินทร์มาจนทุกวันนี้ เกาะนี้มีเนื้อที่ ๒,๕๘๙ไร่ หรือ ๑,๐๒๓.๗๓ เอเคอร์ มีแผนผังเหมือนเพชรรูปไข่วางเหนือใต้ บางลำพูตั้งอยู่บนยอดเหนือสุดของเพชรรูปไข่นี้ บางลำพูเป็นส่วนหนึ่งของกรุงรัตนโกสินทร์เมื่อสถาปนาเมืองหลวงใหม่นี้ แท้จริงบางลำพูอยู่ที่นี่มาก่อนเมืองหลวง

Banglumpoo - оригинальная неотъемлемая часть тайской столицы.

Why Banglumpoo is Lumka (priceless)?

Banglumpoo is the original integral part of the Thai capital. When King Rama I established Bangkok in 2325-2328 (B.E) or 1782-1785 (A.D.) the Capital of Siam, Banglumpoo was one of the very first territories to be included in the City wall. The timeline is 32 years after the British Industrial Revolution, or near the end of Ottoman Empire, or the beginning of the French revolution. That year the Irish Parliament won legislative independence from the British Parliament; The English agreed to pull out from America after so many battles. It was 6 years after the US independence. It was also 1 year after Los Angeles was founded, 7 years before George Washington became President of the USA.

Today **Banglumpoo** is located in Phra-Na-Korn District, the only district that means Krung-Thep (Bangkok).

During the time of former capital, Ayuthaya, this area on both sides of the Chao Praya River, about 5 miles from the gulf, was collectively known as "**Bangkok**." It functioned as "Khanon-Bangkok," a customs post and tax for all international ships entering the country. The people who lived here were smart and well informed due to exposures to travelers (some foreigners) and business of the area.

When King Taksin made "Bangkok" the Capital replacing Ayuthaya 15 years earlier the name "Bangkok" was changed to "Thon-Buri Sri Mahasamudr," or "Thon-Buri" in short. King Rama I changed "Thon-Buri" to "Khrung Rattana Kosin Inayodthaya." The Capital moved to the East bank. With the new canals dug up on the North (Banglumpoo Canal) and the East (Oang Arng and Rob-Khrung Canals) the new Capital was an island similar to Ayuthaya. Khrung Rattana Kosin was influenced by Ayuthaya for the King Rama I was very familiar with Ayuthaya during his early years there. The island's name is also Rattana Kosin and is still called that today. It was 2,589 Rai or 1,023.73 acres. The island has a shape of a marquise cut diamond pointing north and south; **Banglumpoo** sits on top, on the northern tip of the diamond. Physically Banglumpoo has been an integral part of Rattna Kosin from the very beginning. **Banglumpoo was there before the Capital.**

รัชกาลที่ ๑ สถาปนากรุงเทพฯ ให้ชื่อว่า
"กรุงรัตนโกสินทร์อินอโยธยา"
เมื่อ พ.ศ. ๒๓๒๕-๒๓๒๘

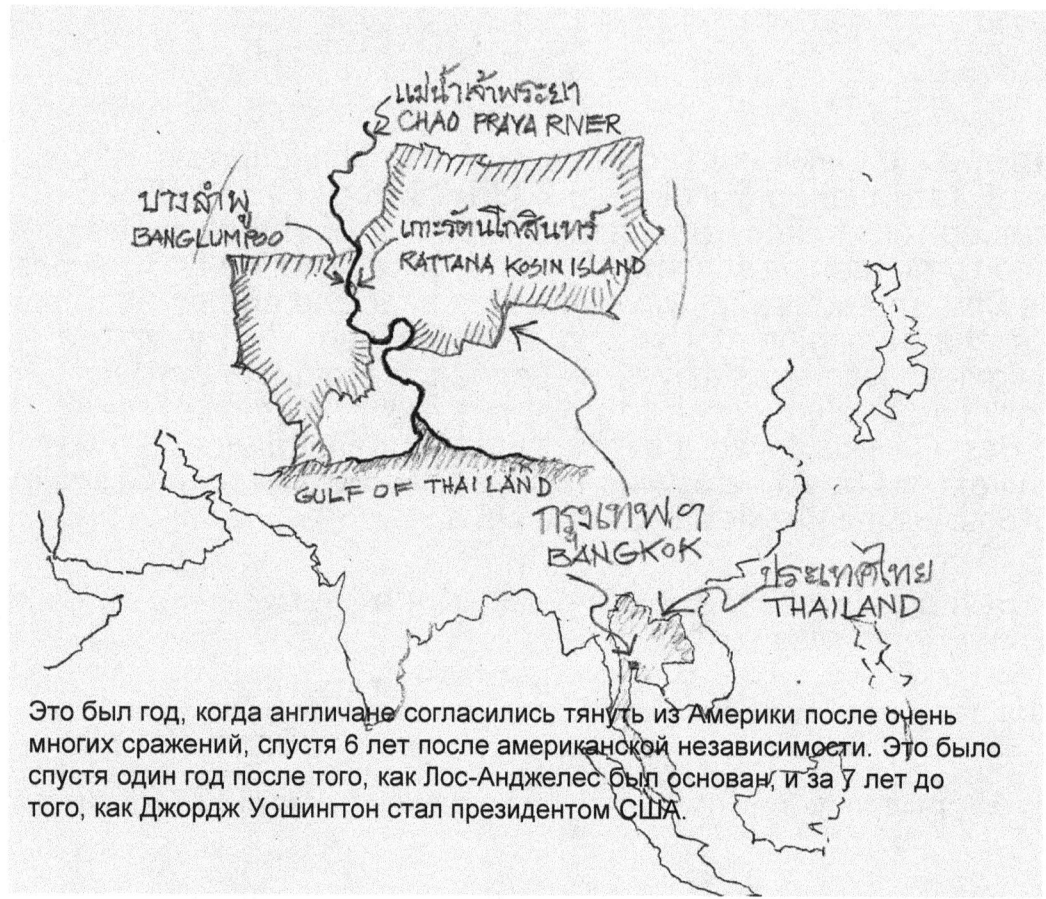

Это был год, когда англичане согласились тянуть из Америки после очень многих сражений, спустя 6 лет после американской независимости. Это было спустя один год после того, как Лос-Анджелес был основан, и за 7 лет до того, как Джордж Уошингтон стал президентом США.

เมืองหลวงใหม่มีลักษณะเป็นเกาะคล้ายอยุธยา บางลำพูตั้งอยู่บนยอดเหนือสุด เป็นปีที่อังกฤษถอนทหารออกจากอเมริกาหลังจากสู้รบกันอยู่เป็นเวลานาน เป็น ๖ ปีหลังสหรัฐอเมริกาประกาศอิสระภาพ เป็น ๑ ปีหลังการสถาปนาของเมืองลอสแองเจลเลส และ ๗ ปีก่อน จอร์จ วอชิงตัน ขึ้นเป็นประธานาธิบดีสหรัฐอเมริกา

King Rama I established Bangkok as:
"Khrung (City of) Rattana Kosin Inayodthaya" in 1782-1785

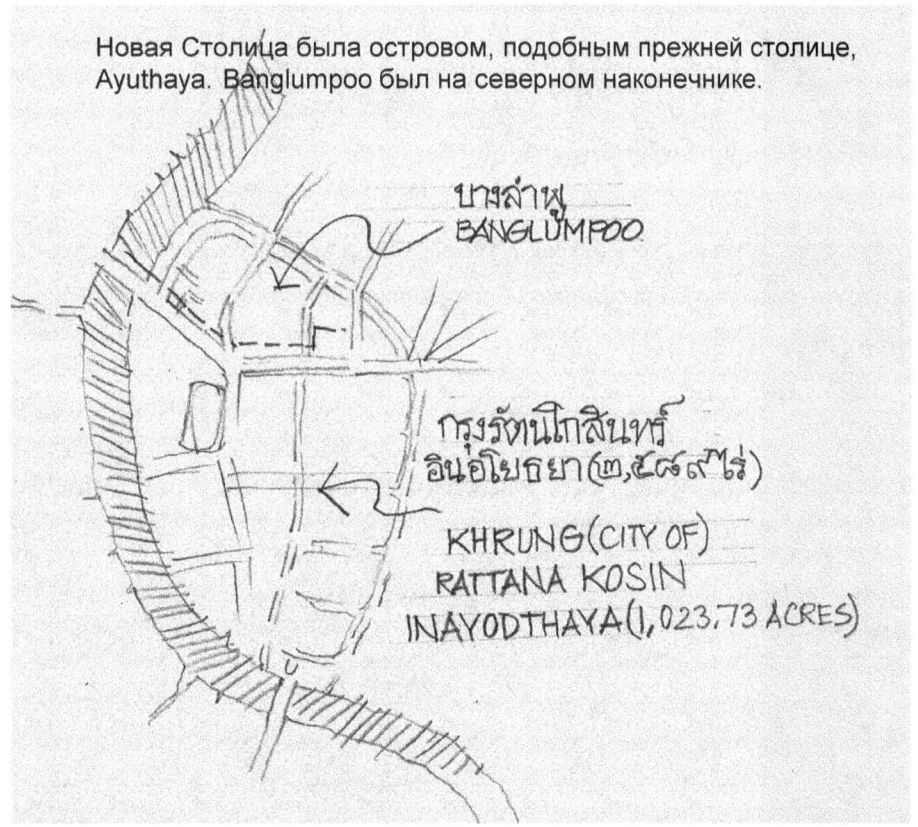

The new Capital was an island similar to the former capital, Ayuthaya. Banglumpoo was on the northern tip. It was the year when the English agreed to pull out from America after so many battles, 6 years after the US independence. It was one year after Los Angeles was founded, and 7 years before George Washington became President of the USA.

Три года спустя имя Столицы изменилось снова.

สามปีต่อมาเมืองหลวงเปลี่ยนชื่ออีก เป็นชื่อเมืองที่ยาวที่สุดเมืองหนึ่งและใช้มาจนทุกวันนี้ ชื่อ รัตนโกสินทร์เป็นส่วนประกอบเด่นและยังคงอยู่ในชื่อใหม่

กรุงเทพมหานคร (นครกว้างใหญ่ของเทพ)

อมรรัตนโกสินทร์ (ผู้เป็นอมตะ)

มหินทรายุธยา (เป็นเมืองที่มีแต่ชัยชนะ)

มหาดิลกภพ (เป็นท้องที่งดงามและเจริญมั่นคง)

นพรัตนราชธานีบุรีรมย์ (เป็นเมืองหลวงแห่งแก้วแหวนเก้าประการ)

อุดมราชนิเวศมหาสถาน (เต็มไปด้วยปราสาทราชวังกว้างใหญ่ไพศาล)

อมรพิมานอวตาลสถิตย์ (เป็นเมืองที่เทพลงมาจากสรวงสวรรค์)

สักกทัตติยวิษณุกรรมประสิทธิ์ (ประดิษฐ์กรรมของเทพวิษณุ)

ใจกลางของบางลำพูยังคงอยู่ในกำแพงเมืองของเกาะรัตนโกสินทร์ บางลำพูมีการเปลี่ยนแปลงตามกาลเวลา การเปลี่ยนแปลงครั้งสำคัญเกิดในรัชการลที่ ๕ เมื่อเรานำอิธิพลตะวันตกเข้ามาใช้ คลองเล็กๆชื่อชนะสงครามและข้าวสารถูกถมเพื่อได้ที่ดินมาใช้ บางลำพูนำสถาปัตยกรรมแบบยุโรปมาใช้ในแหล่งการค้า แต่บางลำพูผจญกับการเปลี่ยนแปลงมากขึ้นไปอีกเมื่อถูกไฟไหม้ครั้งใหญ่ ปัจจุบันกำแพงเมืองเหลืออยู่เล็กน้อยแต่บางลำพูยังทำหน้าที่เป็นตลาดที่ขายของสาระพัดชนิดที่ลูกค้าไกลใกล้จะจับจ่ายและเข้าถึงได้ ในสมัยรัชกาลที่ ๗ บางลำพูได้ชื่อว่าเป็นตลาดไทย ในเวลาเดียวกันเยาวราชเป็นตลาดจีน (อยู่ติดกำแพงเมืองด้านนอกทางทิศตะวันออก) และพาหุรัดเป็นตลาดแขก (อยู่ในกำแพงเมืองทางทิศใต้สุด)

ทุกวันนี้บางลำพูเป็นจุดรวมที่มีเอกลักษณ์ในตัวเอง เป็นกลุ่มบ้านเมืองกะทัดรัดที่มีประโยชน์ใช้สอยที่หาดูได้ยากแห่งหนึ่งในเมืองหลวง เป็นตลาดที่มีค่าทางประวัติศาสตร์ที่หยั่งลึกและกิจกรรมที่เราเห็น เป็นสถานที่ๆดึงดูดความทรงจำ ที่เราจะเอาไปเล่า ที่เราจะพา - เพื่อน พ่อแม่ ลูกหลาน - และทนุถนอมเก็บรักษา (ไว้ให้ชนรุ่นหลังหลายๆสิบปี หรือร้อยๆปี)

Это стало одним из самых длинных городских имен, и было официальное лицо к настоящему.

Three years later the Capital's name changed again. It became one of the longest city names, and has been official to the present. The name "Rattana Kosin" is a common thread - the name "Rattana Kosin" is kept in the new name:

Krungthep Mahanakorn (Great city of Angels)

Amorn **Rattana Kosin** (Immortal Angels)
Mahindhara Yudhya (The unconquerable City)
Mahadilok Pope (Beautiful, stable, prosperous)
Nopparat Rachthani Burirom (The City blessed by the power of nine precious gems)
Udom Rachnivej Mahasatharn (adorned with heavenly spacious places)
Amornphiman Awatarn Sathit (The place of GOD who came down from heaven)
Sakkathatiya Vishnukarm Phrasit (The creation of GOD Vishnu)

The heart of Banglumpoo continues to be within the boundary of city walls of Rattana Kosin Island. It evolved overtime; major changes came during King Rama V when the Western influence was brought in. Small canals (Cha-Na-Song-Krarm, and Kow-Sarn Canals) were filled up for expansion. European architecture was built for commercial uses; but Banglumpoo experienced a big fire which brought more changes. The city walls are sparse now, but Banglumpoo continues to function as a market for variety of goods, affordable and accessible to most customers near or far. During King **Rama VII** Banglumpoo was identified as the **Thai Market**, whereas Yow-Wa-Rach as the **Chinese** (just outside-south east of the walls), and Pa-Hoo-Rart as the **Indian Market** (in the walls).

Today, **Banglum**poo is a unique locale in Bangkok. It is a functional cluster **building** block of city within the city, one of a kind in the Thai capital. It is a **market** for all with a very meaningful historical roots and activities: A fascinating place to experience, to remember, to tell -- to bring – our friends, our parents, our children, grand children - and to preserve (for them for many decades, if not centuries, and for many generations to come).

ในสมัยรัชกาลที่ ๗
บางลำพูได้ชื่อว่าเป็นตลาดไทย

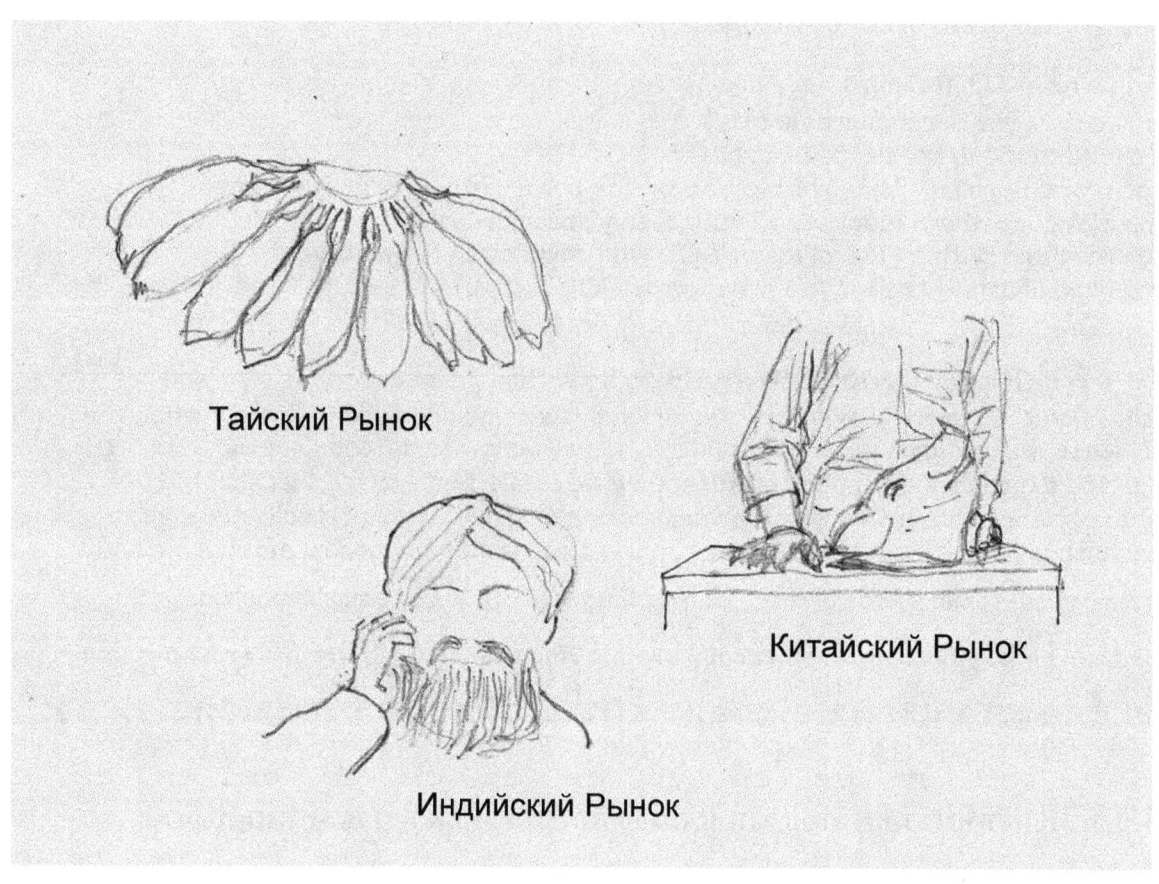

พาหุรัด — ตลาดแขก   เยาวราช — ตลาดจีน

During King Rama VII Banglumpoo was known as the Thai Market;
Yow-Wa-Rach – Chinese Market;
Pa-Hoo-Rat – Indian Market

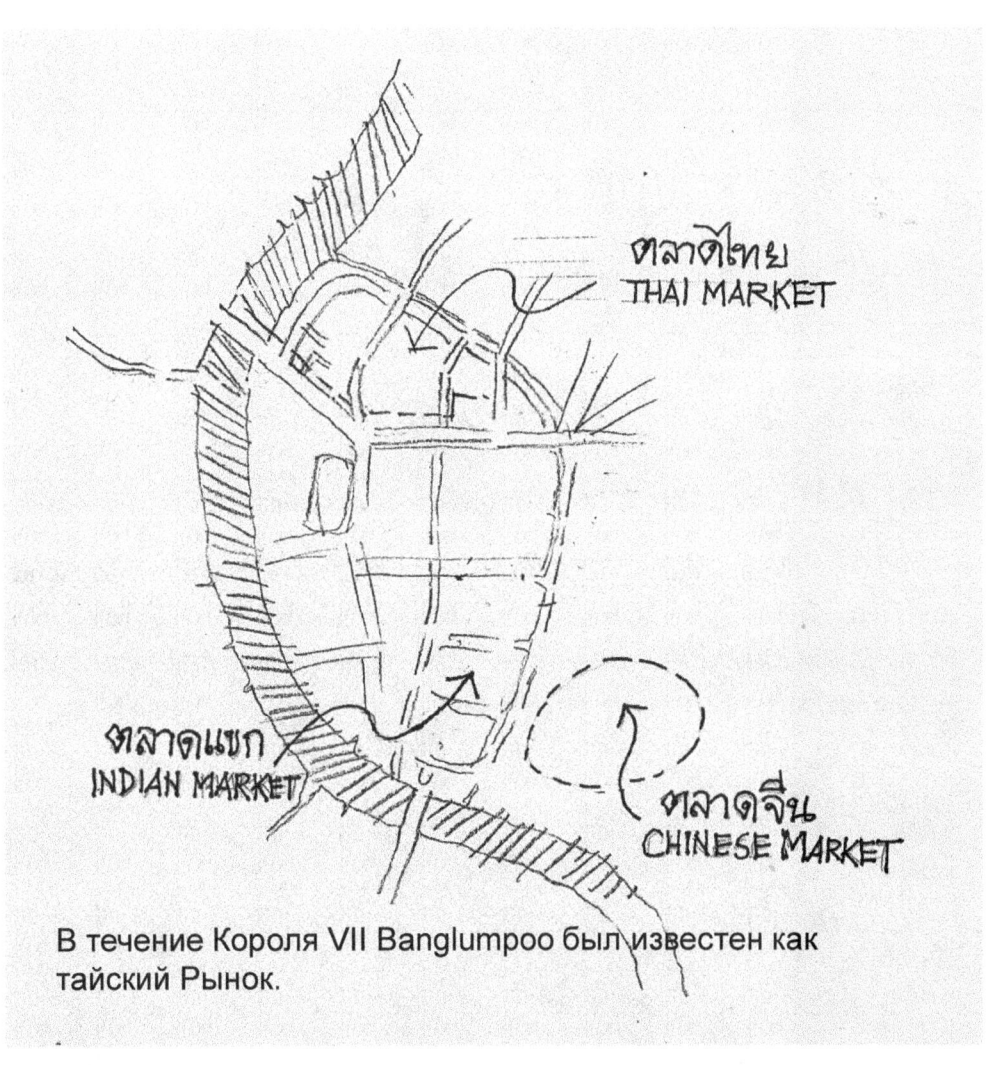

В течение Короля VII Banglumpoo был известен как тайский Рынок.

บทที่ ๒

Banglumpoo нуждается в туристах?
Туристы хотят Banglumpoo?

บางลำพูต้องการนักท่องเที่ยว?
นักท่องเที่ยวต้องการบางลำพู?

ภูฏานเป็นประเทศที่เข้าใจประโยชน์และโทษของอุตสาหกรรมการท่องเที่ยว อุตสาหกรรมนี้ทำรายได้ให้แก่ประเทศแต่มีปัญหาติดตามาด้วย ภูฏานสร้างกฎข้อบังคับรัดกุมในการปล่อยนักท่องเที่ยวเข้าออกประเทศ เรียกว่า "น้อยจำนวน สูงคุณภาพ" นักท่องเที่ยวต้องจัดแผนการท่องเที่ยวผ่านผู้แทนภูฏานและเดินทางลำพังตนเองไม่ได้ ภาษีการท่องเที่ยวแพง แต่การปฏิบัติทำให้ภูฏานต่างไปจากประเทศอื่น เป็นประเทศที่คงวัฒนธรรม ประเพณี ศาสนา ประวัติศาสตร์ และสิ่งแวดลอมที่เหมือนเดิม

Chapter 2

Бутан - древняя азиатская страна, которая понимает льготы и долги туризма. Бутан заставляет правила для туристов входить и выходить из страны.

Does Banglumpoo need tourists?
Do tourists need Banglumpoo?

Bhutan is an ancient Asian country that understands benefits and liabilities of tourism. Bhutan sets rules for tourists to enter and exit the country. It's called "Low Volume and High Value". Tourists must arrange travel through licensed Bhutanese travel agencies and cannot travel independently. The tariff is high; but the practice helps to preserve Bhutan as a very unique country. It remains rich in culture, tradition, religion, history, and has successfully preserved its environment in its pristine form.

บางลำพูต้องการนักท่องเที่ยว?

นักท่องเที่ยวต้องการบางลำพู?

ภูฏานเป็นประเทศที่เข้าใจประโยชน์และโทษของอุตสาหกรรมการท่องเที่ยว อุตสาหกรรมนี้ทำรายได้ให้แก่ประเทศแต่มีปัญหาติดตามมาด้วย ภูฏานสร้างกฎข้อบังคับรัดกุมในการปล่อยนักท่องเที่ยวเข้าออกประเทศ เรียกว่า "น้อยจำนวน สูงคุณภาพ" นักท่องเที่ยวต้องจัดแผนการท่องเที่ยวผ่านผู้แทนภูฏาน และเดินทางลำพังตนเองไม่ได้ ภาษีการท่องเที่ยวแพง แต่การปฏิบัติทำให้ภูฏานต่างไปจากประเทศอื่น เป็นประเทศที่คงวัฒนธรรม ประเพณี ศาสนา ประวัติศาสตร์ และสิ่งแวดลอมที่เหมือนเดิม

การที่มีเมืองป่าเขาทะเลและยิ้มแย้มแจ่มใสต้องการเงินตราต่างประเทศ เมืองไทยเป็นที่ล่วงรู้กันในวงการอุตสาหกรรมการท่องเที่ยวทั่วโลกไม่ว่ารวยหรือจน ว่าเราเปิดประตูต้อนรับ

มีเรื่องที่เราเล่าสู่กันฟัง:

นักท่องเที่ยวมาเมืองไทยเพราะต้องการประหยัดและเก็บเงินไปเสพสุขโรงแรมห้าดาวที่สิงคโปร์

เมื่อถึงสนามบินเมืองไทยนักท่องเที่ยวเหล่านี้จะเปลี่ยนเครื่องแต่งตัวจากของแพง เก็บไว้ในที่ๆปลอดภัย เป็นเครื่องแต่งตัวซอมซ่อมีเป้สะพายหลังเข้ามากรุงเทพฯ มาหาที่พักราคาถูกในบางลำพู (ถนนข้าวสาร) นักท่องเที่ยวเหล่านี้ประหยัดค่าใช้จ่ายในการท่องเที่ยวเมืองไทยโดยหลบไปจากโรงแรมห้าดาวอย่างออเรียลตัล เมื่อได้เห็นกรุงเทพฯ ครบตามที่ได้ศึกษามานักท่องเที่ยวเหล่านี้ก็เดินทางกลับออกไปที่สนามบิน เปลี่ยนเครื่องแต่งตัวชุดแพงเดินทางต่อไปชื่นชมกับโรงแรมห้าดาวที่สิงคโปร์ ที่ซิดนี และเมืองอื่นๆ

เรื่องนี้จริงหรือไม่ -- ไม่มีใครบอกได้ แต่สิ่งที่เราเห็นในบางลำพูทุกๆวันชี้ให้เห็นว่ามันเป็นไปได้

บางลำพูต้องการนักท่องเที่ยวหรือ? บางลำพูเป็นเพียงจุดเล็กในภาพนี้ ภาพที่ใหญ่คือรัฐบาลไทยซึ่งให้ เสรีภาพความสะดวกสบายนักท่องเที่ยวเป็นอันมาก นักท่องเที่ยวเข้าไทยได้ทั้งมีและไม่มีวีซ่า ประเทศไทยยินดีต้อนรับชาวอเมริกันและยุโรป สองกลุ่มนี้เป็นที่มาของดอลล่าและยูโร หลักฐานที่เราเห็นคือ หมู่บ้านฝรั่ง มีเมียไทยในอีสาน และการพัฒนาหรือทำลายเปลี่ยนแปลงบ้านเมืองในกรุงเทพฯ เชียงใหม่ พัทยา ภูเก็ต เกาะสมุย ฯลฯ เพื่อผลประโยชน์การท่องเที่ยว

บางลำพูเป็นที่รู้จัก เป็นกลุ่มบ้านเมืองประวัติศาสตร์ เป็นบ้านอยู่อาศัยและตลาด แต่สภาพนี้จะเป็นไปได้อีกนานเท่าไร มีใครสนใจและเป็นห่วงบ้างนักท่องเที่ยวเป้สะพายหลังเหล่านี้จะเปลี่ยนบางลำพูให้เป็นที่อยู่ อาศัย และโรงแรมนักท่องเที่ยวราคาถูก ห้องถิ่นราคาถูกในกรุงเทพฯ

เราสร้างแนวโน้มสนับสนุนการท่องเที่ยวราคาถูก เราจะเสียมากกว่าได้ บางลำพูมีทางจะเสีย ชาวบางลำพูมีแต่จะเสีย เราต้องแยกให้ออกว่า **(๑)** นักท่องเที่ยวมากรุงเทพฯ และได้มาชมบางลำพูกลุ่มบ้านเมือง ประวัติศาสตร์ หรือ **(๒)** นักท่องเที่ยวมาพักในที่อยู่อาศัยและโรงแรมราคาถูกที่บางลำพู เพื่อชมกรุงเทพฯ

Does Banglumpoo need tourists?
Do tourists need Banglumpoo?

Bhutan is an ancient Asian country that understands benefits and liabilities of tourism. Bhutan sets rules for tourists to enter and exit the country. It's called "Low Volume and High Value". Tourists must arrange travel through licensed Bhutanese travel agencies and cannot travel independently. The tariff is high; but the practice helps to preserve Bhutan as a very unique country. It remains rich in culture, tradition, religion, history, and has successfully preserved its environment in its pristine form.

With the "exotic" living cities, the land, the sea, and the government's attitude toward dollars, Thailand, another ancient Asian country, is known to travelers of the world, rich and poor, that it's more friendly and opens up to them.

There is a story:

Tourists came to Thailand and know how to save the money, so that they can later afford to stay in five-star hotels in Singapore.

At the Thai airport, once arrived, tourists removed fancy suits, dresses and decent outfits, storing them in safe places. The outfits that they came into the city (Bangkok) with is backpacks. They came to Banglumpoo (Kao Sarn Road); they stayed in cheap guest houses. They don't go to the Oriental Hotel. When they were through with touring Bangkok, they changed the outfits at the airport and flew out to enjoy fivestar hotels in Singapore, in Sidney, etc.

True or not, the everyday scenes in Banglumpoo suggest that.

Does Banglumpoo need tourists? Banglumpoo is very small in this picture. The big picture is the Thai government. It has been giving so much freedom to the tourists: The freedom to enter the country with or without the visa. American and European are most welcome; they are the source of dollars and euros.

Banglumpoo is known as a historical district, residence and marketplace. But for how long? Does anybody care? Backpack tourism soon will transform Banglumpoo into a guest house - cheap tourist hotel – a cheap place in Bangkok.

We set ourselves up for cheap tourism. We are paying the price; Banglumpoo is the price. The people of Banglumpoo are paying the price. There is the major difference between: (1) Coming to Bangkok to see the historic Banglumpoo or; (2) coming to stay dirt cheap in Banglumpoo to see Bangkok.

แนว**โน้มที่ (๒)** มีทีท่าว่าจะเติบโตอย่างรวดเร็ว สถานที่พบปะสังสรรค์ ร้านอาหารและโรงเหล้าแบบชาวตะวันตกจะเห็นชัดเจนขึ้น วัฒนธรรมไทยจะถูกกลืน

เมื่อจำนวนนักท่องเที่ยวเหล่านี้สูงขึ้น กริยามารยาทในบางลำพูจะกลายเป็นตะวันตกแบบเด็กและหยาบตรงกันข้ามกับไทยดั้งเดิม เป็นต้นว่าการแต่งกายอุจาดไม่เรียบร้อย เช่นไม่ใส่รองเท้า ผู้ชายไม่ใส่เสื้อ ผู้หญิงไม่ใส่เสื้อชั้นใน การแสดงออกทักทายหรือทางเพศแบบชาวตะวันตกในที่สาธารณะ

กิจกรรมอื่นๆไม่ว่าถูกหรือผิดกฎหมายจะตามมาเพื่อตอบสนองความต้องการของตลาด ยาเสพติด การพนัน อาชญากรรม สื่อสารทางเพศ โสเภณี (จำพัฒน์พงศ์ได้ไหม?)

ไม่มีใครรู้แน่ว่าอะไรอีกจะเกิดขึ้นใน**บางลำพู**ในเมื่อโลกพัฒนาอย่างรวดเร็วทางปฏิบัติวิทยาศาสตร์ สิ่งที่แน่นอนคือบางลำพูที่ได้ชื่อใน**สมัยรัชกาลที่ ๗** ว่าเป็นตลาดไทยจะค่อยๆสลายตัว คนไทยจะพึ่งบางลำพูในการจับจ่ายใช้สอยเพื่อดำเนินชีวิตประจำวันอย่างที่เคยเป็นมาต่อไปไม่ได้ **ดอลล่าร์และยูโร**เข้ามาทำลายอำนาจแรงซื้อของเงิน**บาท**ของคนไทยทุกๆท่าน (ที่ไม่ได้ผลประโยชน์จากอุตสาหกรรมการ**ท่องเที่ยว**โดยสิ้นเชิง)

The **number 2 trend** will get stronger exponentially; Western style socializing places, eating places, pubs, bars, will be more evidence. All is at the cost of the Thai tradition.

When the backpack population is large enough other activities will follow to facilitate it even more. Such activities could be legal, illegal as long as they bring pleasures to the backpackers. To name the few: Down grading local dress codes (not wearing shirts), drugs, gambling, pornography, hugging/kissing/other sex acts in public, prostitution (another **Pat-Pong?**), etc,.

Who knows, with the world's new and fastgrowing technologies, what else is coming to Banglumpoo. But certainly Banglumpoo will no longer be the **Thai Market** as named years ago during the **King Rama VII**.

The average Thai can no longer rely on **Banglum**poo to maintain their lifestyles as they could do in the past. The **Thai Baht** loses its buying power to **the Dollar and the Euro** (while most of us have **no benefit from tourism**).

บทที่ ๓

Вымойте Улицы в Banglumpoo

ล้างถนนที่บางลำพู

บางลำพูพอดูได้ไหม? สะอาด? หรือสกปรก?

ผู้ที่คุ้นเคยจะเห็นว่าบางลำพูสะอาดและเป็นที่ยอมรับทั่วๆไป เจ้าของร้านและลูกค้าที่ไปมาหาสู่ประจำจะไม่สังเกตเห็นการเปลี่ยนแปลงรอบๆตัว ปีแล้วปีเล่า เหมือนชีวิตประจำวันของสามีภรรยาที่เห็นกันทุกวัน เขาจะไม่เห็นการเปลี่ยนแปลงในเขาหรือเธอ แต่ถ้าเขาเห็นกันปีละครั้ง ความเปลี่ยนแปลงในเขาหรือเธอจะเห็นชัดเจน

Chapter 3

Действительно ли Banglumpoo презентабелен? Чистый? Или грязный?

Wash Streets at Banglumpoo

Is Banglumpoo presentable? Clean? Or dirty?

Most who are familiar with Banglumpoo may feel it's clean or acceptable. Shop owners and everyday shoppers rarely notice the changes over the years around them. This is like living everyday with your husband or wife; you'll rarely notice the changes in him or her. But if you see your spouse once a year you see the difference.

บางลำพูพอดูได้ไหม?
สะอาด? หรือสกปรก?

ผู้ที่คุ้นเคยจะเห็นว่าบางลำพูสะอาดและเป็นที่ยอมรับทั่วๆไป เจ้าของร้านและลูกค้าที่ไปมาหาสู่ประจำจะไม่สังเกต เห็นการเปลี่ยนแปลงรอบๆตัว ปีแล้วปีเล่า เหมือนชีวิตประจำวันของสามีภรรยาที่เห็นกันทุกวัน เขาจะไม่เห็นการเปลี่ยนแปลงในเขาหรือเธอ แต่ถ้าเขาเห็นกันปีละครั้ง ความเปลี่ยนแปลงในเขาหรือเธอจะเห็นชัดเจน

เช่นเดียวกับเพื่อนๆและญาติๆ เห็นกันทุกวันเราจะไม่เห็นการเปลี่ยนแปลง ว่าเขาดีขึ้น เลวลง แก่ลง หนุ่มขึ้น สาวขึ้น สุขภาพดีหรือเลว ปีเดือนผ่านไปเพื่อนๆและญาติๆ จะปรากฏเหมือนที่เราเห็นกันทุกวัน

สถานที่อย่างบางลำพูก็เช่นกัน เจ้าของร้านและลูกค้าที่ไปมาประจำ จะมองไม่เห็นการเปลี่ยนแปลงที่เกิดขึ้นทุกวัน ปีแล้วปีเล่า แต่ถ้าเห็นบางลำพูปีละครั้งพวกเขาจะเห็นความแตกต่าง

เป็นสิ่งดีที่เราพบปะเยี่ยมเยียนเพื่อนๆและญาติๆหรือคนที่เรารัก แต่นี้เป็นความบกพร่องน่ากลัวเมื่อเราไม่สามารถบอกคนที่เรารักได้ว่าเขาอ้วนขึ้น ผอมลง ผมบาง ความทรงจำเสื่อม หรือป่วยด้วยโรคภายใน เราอาศัยการตรวจร่างกายทางแพทย์เป็นครั้งคราวเพื่อค้นหาการเปลี่ยนแปลงหรือโรคที่เรามองไม่เห็น

การตรวจร่างกายทางแพทย์สามารถใช้กับสถานที่เช่นบางลำพูได้หรือไม่? เราสามารถพาบางลำพูไปหาหมอได้ไหม? ได้ เราทำได้ รัฐบาลท้องถิ่น (กทม) เห็นบางลำพูทุกวัน กทมไม่เห็นความแตกต่าง กทมไม่เห็นว่าบางลำพูสุขภาพดี หรือเจ็บป่วย สะอาด หรือสกปรก

การตรวจร่างกายทางแพทย์ของสถานที่จะมาในรูปแบบของการเก็บบันทึก บันทึกของถนนแต่ละสายในบางลำพูควรเก็บไว้สำหรับการเปรียบเทียบทุกช่วงห้าปี หรือสิบปี เช่นตัวอย่างปี พ.ศ. ๒๔๙๓ (ค.ศ.๑๙๕๐) ถึงปี พ.ศ. ๒๕๕๓ (ค.ศ.๒๐๑๐) ควรมีคำบรรยาย มีหัวข้อรายการ มีภาพถ่าย นั่นคือวิธีที่เราพาบางลำพูไปหาหมอ มันจะทำให้ กทม และเราทั้งหมดเห็นภาพการเปลี่ยนแปลง เราต้องพาบางลำพูไปหาหมอก่อนที่บางลำพูจะพาเราไปอีกที่หนึ่ง และฆ่าเราด้วยโรคที่อยู่ในบางลำพู

การตรวจร่างกายหรือพาสถานที่ไปหาหมอมีหลายวิธี เป็นทิศทางที่เราจะอยู่โดยไม่มีปัญหาและปลอดภัยจากโรคภัยไข้เจ็บ ประชาชนต้องเรียกร้องความต้องการอันนี้ รัฐบาลต้องจัดหาให้ ในเมืองบอสตัน (Boston) แมสซาชูเสตส์ สหรัฐอเมริกา เมื่อทางหลวงสายที่ ๙๓ ได้รับโครงการปรับปรุง งานนี้มีการศึกษาหลายสาขามาก การศึกษามีขึ้นเพื่อเตรียมตัวในการแก้ปัญหาก่อนการก่อสร้าง ในการศึกษาหลายสาขาได้รวมการศึกษาคุณลักษณะของดินและพลเมืองของหนู

Is Banglumpoo presentable?
Clean? Or dirty?

Most who are familiar with Banglumpoo may feel it's clean or acceptable. Shop owners and everyday shoppers rarely notice the changes over the years around them. This is like living everyday with your husband or wife; you'll rarely notice the changes in him or her. But if you see your spouse once a year you see the difference.

The same applies to friends and relatives. Seeing them everyday you don't see that they get better or worse; getting older or younger; getting healthier or sicker. They don't appear different to you.

That also applies to a place like Banglumpoo. The shop owners and everyday shoppers rarely notice the changes around them. But if they see that place or Banglumpoo once a year they'll see the difference.

It is good to see and feel good about the people we care for in our lives; but this can be deadly when we cannot tell if our love ones are overweight, under weight, getting thin hair, loosing memories, or sick with hidden diseases. We rely on periodical physical check-ups to tell the changes or sicknesses.

Can physical check-ups apply to a place like Banglumpoo? Can we take Banglumpoo to the doctor? Yes we can. The local government (Bangkok Metropolitan Administration or BMA) sees Banglumpoo everyday; it doesn't notice any difference. It doesn't see if Banglumpoo is healthy or sick, clean or dirty. The physical check-ups for a place should come in a form of record keeping. The record of street by street in Banglumpoo should be kept for comparison every five or ten year interval, 1950 through 2010 for example. It should be the description; it could be the list; it could be the photograph. That's how we take Banglumpoo to the doctor. It would help BMA and all of us to see the changes. We must do this before Banglumpoo brings us and kills us with the diseases it carries.

There are many ways to have a physical check-up or take Banglumpoo to the doctor. It is a way to live trouble free and disease free. The people should demand it; the government should provide it. In Boston, Massachusetts, USA when the route #93 was scheduled for a major improvement, there had been so many studies done. They were to make sure that solutions were provided for all problems. Among many required subjects there were study of soils and the rat population.

ดินเป็นของเสียที่มีอันตราย พื้นที่ในเมือง ดินจะสะสมของเสียที่เป็นภัยไว้มากมายในจำนวนปีที่ผ่านไป เมื่อขุดขึ้นมาจะถมกลับลงไปนั้นเป็นการเก็บของเสียไว้ในเมือง ของเสียนี้จะต้องถูกนำไปทิ้งให้ถูกต้อง

ปัจจุบันบางลำพูไม่มีประสบการณ์การก่อสร้างที่เกี่ยวกับการขุดดินและกำจัดดินเสียอย่างจริงจัง แต่วันหนึ่งบางลำพูอาจจะต้องเผชิญกับโครงการขุดดิน เป็นที่รู้กันว่ากรุงเทพฯไม่ได้พัฒนาเท่าๆหรือพร้อมเพรียงกับเมืองของโลกตะวันตก ส่วนมากเมืองตะวันตกได้สร้างระบบการระบายน้ำทิ้งในช่วงปี ค.ศ.๑๙๐๐-๑๙๓๕ (พ.ศ. ๒๔๔๓-๒๔๗๘) ในระหว่างที่พลเมืองยังไม่หนาแน่น กรุงเทพฯไม่มีการพัฒนาก้าวนี้ที่เท่าเทียมอารยธรรมชาติตะวันตก เชื้อโรคสามารถแพร่กระจายได้ตลอดเวลา บนบก (หนู), ในอากาศ (แมลง), ในน้ำ (ท่อส้วมตรงลงในแม่น้ำ) บางลำพูอาจต้องขุดดินสร้างระบบท่อระบายน้ำทิ้ง

การศึกษาประชากรหนูใกล้เมืองจีนของบอสตัน (Boston) เป็นการเตรียมพร้อมแก้ปัญหาที่จะเกิดขึ้นในระหว่างการก่อสร้าง

บางลำพูไม่แตกต่างกับเมืองจีนของบอสตัน (Boston) นัก บางลำพูมีอาหารอุดมสมบูรณ์สำหรับประชากรหนูจะอยู่ได้ กลางวันประชากรหนูจะอยู่ที่ไหน กลางคืนอยู่ที่ไหน ตึกร้างนั้นเป็นที่อยู่ของสัตว์เหล่านี้หรือไม่ หนูจะแพร่กระจายโรคไปยังคน คนจะแพร่กระจายโรคให้หนูหรือไม่อย่างไร มันถึงเวลาที่เราจะต้องพาบางลำพูไปหาหมอ

จากการบันทึกเปรียบเทียบจะเห็นว่าบางลำพู (1) ถูกละเลย (2) ไม่สะอาดเพียงพอ [จากจราจรเท้า ยานพาหนะ บริการจราจร การสะสมของขยะ ฝุ่น ท่ามกลางการขยายตัวของร้านขายของ]; (3) ได้รับการสร้างอุปสรรคกีดขวางบนทางเท้ามากมาย โดยรัฐบาล บริษัทสาธารณูปโภค และร้านขายของ (เสาไฟฟ้า เสาโทรศัพท์ ตู้โทรศัพท์ ป้อมตำรวจ ต้นไม้ และโต๊ะเก้าอี้); และ (4) เป็นที่เกิดของป้ายโฆษณาไม่สิ้นสุด

บางลำพูต้องการความสะอาดสามสาขา (หนึ่ง) เพื่อสุขาภิบาล (สอง) เพื่อความเป็นเมืองประวัติศาสตร์ และ (สาม) เพื่อชีวิตความปลอดภัย

Soil was a subject of hazardous waste. In any urban space, soil soaked up so many unfriendly manmade materials over the years. Once dug up it cannot be placed back; it must be removed and disposed of appropriately.

Banglumpoo, in it's modern time, has not faced a ground digging construction project seriously and deal with the soil contents. But one day it may have to face the ground digging project. As we all know Bangkok as a whole has never been building equally to its Western counterpart development. Most western cities had built their sewer systems during 1900-1935 when they were not overwhelmingly populated. Bangkok doesn't have that equal pace or civilization; diseases could spread any time, on land (rats), in the air (flying insects), in waterways (raw sewerage in rivers). Banglumpoo may have to dig up its ground for the sewer system.

The rat population near Boston's Chinatown area was studied because they must know what to expect during the construction.

Banglumpoo is not much difference from Boston's Chinatown; food is plentiful for the rat population to live on. Where do they live during the daytime –
nighttime? Do deserted structures harbor these animals? Will rats spread diseases to people? Will people spread diseases to rats? How? It's about time that we take Banglumpoo to the doctor.

From comparative records, Banglumpoo has been getting (1) neglected; (2) not enough cleaning [from the foot traffic, vehicular traffic, the service traffic, the accumulation of trash, dust, amidst the expansion of commercial outfits]; (3) so many sidewalk built-up obstacles by the government, utility companies, and vendors (light and telephone posts, telephone booths, police security stations, miscellaneous plants, and vendors' furniture); and (4) nonstop growing of commercial signs.

Banglumpoo needs three types of clean up; (one) is the sanitation; (two) is to maintain the building historical facades; and (three) to clean up for life safety concern.

หนึ่ง: ป้องกันโรค
ล้างถนนและทางเท้า ทุกๆ หกเดือน

Чистые улицы и тротуары каждые шесть месяцев

ถนนและทางเท้าถูกใช้งานตลอดเวลา และสกปรกมาก การล้างถนนและทางเท้าต้องเป็นส่วนหนึ่งของบางลำพู การล้าง ต้องแบ่งเป็นสองส่วน ทั้งเวลา สถานที่ และวิธีทำงาน:

กทมต้องล้างพื้นที่ถนน (ถนนอะไร เมื่อไร และอย่างไร)
ร้านค้าหรือผู้เช่าทางเท้าต้องล้างทางเท้า (ถนนอะไร เมื่อไร และอย่างไร)
ล้างถนนและทางเท้าทุกๆ หกเดือน
ทุกถนนและทางเท้า ต้องล้างพร้อมในวันเดียวกัน การล้างต้องจำกัดสายเดียวต่อวันเพื่อลดปัญหาการจอดรถ. ถนนสายนั้นห้ามจอดรถในวันนั้น ๑ ชัวโมงก่อนล้าง การล้างเริ่ม ๑:๐๐ นาฬิกา ถนนและทางเท้าต้องล้างพร้อมกัน.
น้ำฉีดและแปรงกวาดเป็นหลักในการล้างถนนและทางเท้า

One: Sanitary clean Up
Clean streets and sidewalks every six months

Чистые улицы и тротуары каждые шесть месяцев

Streets and sidewalks are under heavy uses. They are very dirty. Cleaning must be part of the operation. There should be 2 parts: times/places & how:

The government for all public surfaces (streets, when, and how to clean)
The vendors (sidewalks, when, and how to clean)
Every six months should be a good interval cleaning schedule.
Each street and sidewalk must be scheduled together. Cleaning will be one street at a time, to minimize parking disturbance. Cars and trucks must be cleared from that street. The time to clean is 1:00 AM. Both street and sidewalks must be cleaned at the same time.
Pressurized water is the main cleaning agent with surface sweeping.

สอง: รักษา
ลักษณะดั้งเดิมของสถานที่

คิดถึงภาพนี้: ให้แผงลอยและรถเข็นจากท้องถนนเข้าตั้งร้านในวัดพระแก้ว ให้จักรยานยนต์ยึดถนนราชดำเนินกลาง ทั้งหมด (ห้ามรถยนต์); เปลี่ยนสีของอาคารทั้งสองด้านของถนนราชดำเนินกลาง — ฝั่งเหนือสีดำ ฝั่งใต้สีขาว สมมุติฐานเหล่านี้จะเปลี่ยนแปลงหรือลบค่าของสถานที่ หน้าตาเมือง ลักษณะถนน สถาปัตยกรรม ประวัติศาสตร์ ฯลฯ อย่างมากมายมหาศาล

ที่บางลำพูสมมุติฐานดังกล่าวเป็นความจริง ร้านค้าแข่งขันแย่งชิงธุรกิจ แย่งมุมมองสร้างป้ายโฆษณา ออกแบบตู้แสดง สินค้าหน้าร้าน ทาสีตามที่สามารถจะจินตนาได้ แผงลอยและรถเข็นดึงดูดลูกค้าในถนนในทำนองเดียวกัน และต้อง ป้องกันสินค้าจากฝนและแดด แผงลอยและรถเข็นนำร่มและหลังคากันแดดในรูปร่างและรูปแบบที่หลากหลาย ความจริง เหล่านี้ทำให้บางลำพูเปลี่ยนแปลง ทุกปี ทุกห้าปี ทุกสิบปี ความจริงเหล่านี้เปลี่ยนแปลง ลบล้างคุณค่าของสถานที่ ลบล้าง หน้าตาเมือง ลบล้างลักษณะถนน ลบล้างสถาปัตยกรรม ลบล้างประวัติศาสตร์ ฯลฯ อย่างมากมายมหาศาล

Two: Maintain Character of The Place

Imagine this: Let the street vendors do business in the Emerald Buddha Temple ground; let the motorcycle traffic occupy Raj Dum Nern Klang Street entirely (no cars); change colors of the buildings on both sides of the Raj Dum Nern Klang Street – make north side black, south side white. These hypotheses would severely alter or erase the value of the places, streets, architecture, history, etc.

At Banglumpoo, such hypotheses are the reality. Vendors are competing for business with one another. They get into liberal uses of commercial signs, storefronts designs, and colors as they can imagine. Street vendors attract customers on a different scale similarly. They also protect themselves against rain and solar heat. They bring umbrellas and sunshades in the variety of shapes and forms. These transform Banglumpoo a different place every year, every five years, every ten years. They alter and, or erase the value of the places, streets, architecture, history, etc.

Держите оригинальный Характер Banglumpoo.

การแข่งขันเป็นสัญชาตญาณการอยู่รอดและการชิงตลาดในธุรกิจ การแข่งขันมีมากมายหลายระดับ ธุรกิจอาจควบคุมตลาดได้เมื่อมีคู่ต่อสู้น้อยหรือไม่มีคู่ต่อสู้เลย แต่ความเข้าใจนี้ไม่จริงเสมอไป ร้านค้าที่อยู่คนเดียวอาจทำธุรกิจไม่สำเร็จ เพราะในขณะที่ร้านค้าหลายๆร้านแข่งขันธุรกิจในทำเลเดียวกันนั้นเป็นการดึงดูดลูกค้า ลูกค้ามาเพราะหลายๆร้านเป็นศูนย์กลางของทุกอย่าง นี่คือสาเหตุของการสร้างห้างสรรพสินค้า ร้านค้าแข่งขันแต่ช่วยกัน ห้างสรรพสินค้าดึงดูดลูกค้า นอกจากนั้นห้างสรรพสินค้าสามารถมีจุดควบคุม สามารถเลือกทำเลที่ตั้งที่ดี สามารถทำให้สถานที่ปลอดภัย สะอาด และสวยงาม จอดรถสะดวก เป็นสถานที่ที่ดีสำหรับที่เด็กจะเล่น ฯลฯ

บางลำพูตั้งอยู่ในทำเลที่ดี พรั่งพร้อมไปด้วยร้านค้าที่ทำธุรกิจมานานมีคนรูจัก นอกเหนือไป จากเอกลักษณ์ที่มีความสำคัญทางประวัติศาสตร์ ปัจจัยเหล่านี้เป็นจุดที่บางลำพูสามารถใช้เป็นรากฐานในการเสริมสร้างต่อไป

ถ้าวันหนึ่งลูกค้าส่วนใหญ่เห็นว่าบางลำพูเป็นสถานที่ของความไม่สะดวก ไม่ปลอดภัย เป็นป่าของป้ายโฆษณา เป็นสถานที่สีสันที่วุ่นวาย และพบว่ามีที่อื่นที่ดีกว่า บางลำพูจะค่อยๆหมดความนิยม การเสื่อมความนิยมจะเริ่มจากลูกค้าหายไป ตามด้วยธุรกิจตกต่ำ และผลที่สุดร้านค้าทะยอยออกไปหาที่ใหม่ที่ดีกว่า

Держите оригинальный Характер Banglumpoo.

Competing is a survival instinct and market control in the business. Competing has so many levels. One would have large market shares with less or no competition. But, ironically that is not always true. One store standing alone may not survive, because while all stores fight for the business they collectively attract customers. Customers come because the place offers as a center of everything. This is why shopping malls are created; stores compete but also complement one another. As a result the malls attract customers. This also because the malls have their controls; they can choose good locations, make the places safe, clean, and attractive; good parking, good place for children to play, etc.

Ban**glum**poo is in a good location with established vendors in addition to its unique historic backdrop. These are important factors that can be built upon.

If one day, Ban**glum**poo is determined by a majority of customers to be a place of inconvenience, unsafe, a jungle of commercial signs, a place of wild colors; then they find a better place to go to instead. That's a decline. The decline begins with customers; followed by a drop in sales; followed by vendors leaving Ban**glum**poo for better places.

Важно поддержать оригинальный Banglumpoo, памятники, открытые площади, пейзаж, улицы, городской пейзаж, строя исторические фасады или характер.

ถึงเวลาแล้วที่กทม ผู้แทนบางลำพูและประชาชนที่เกี่ยวข้องห่วงใยจะได้มาพบปะเพื่อแก้ปัญหาสิ่งที่ปกคลุมปิดบังหน้าตาบ้านเมือง อนุสาวรีย์ ที่ว่าง ต้นไม้ ถนนหนทาง ตึกราม ซึ่งมาจากป้ายโฆษณา สีสัน และแผงผ้าใบกันแดดกันฝนที่วุ่นวายรกรุงรังในปัจจุบันและในอนาคต

บางลำพู**จำเป็นจะต้องเก็บ**หน้าตาบ้านเมืองอนุสาวรีย์ ที่ว่าง ต้นไม้ถนนหนทางตึกราม**ของเดิมไว้**

การพัฒนาที่บั่นทอนหรือเปลี่ยนแปลงลักษณะอาคารดั้งเดิมควรหลีกเลี่ยง (เช่นเพิ่มป้ายโฆษณา ออกแบบตู้แสดงสินค้าหน้าร้าน หรืออุปกรณ์เครื่องจักรกลภายนอกอาคาร)

กทม ผู้แทนบางลำพูและประชาชนที่เกี่ยวข้องห่วงใยต้องก่อตั้งกรรมการเพื่อทำงานแก้ไขปัญหาร้านค้าแผงลอยและรถเข็น **ทางเท้า** ร่มและหลังคากันแดด และการควบคุมขยะ

Важно поддержать оригинальный Banglumpoo, памятники, открытые площади, пейзаж, улицы, городской пейзаж, строя исторические фасады или характер.

It should be the time that BMA, the community leaders, and concerned citizens to come together and discus items that impact original places, monuments, open spaces, landscape, streets, building facades such as the existing and future of commercial signs, colors, sunshades, etc.

It is important to maintain original places, monuments, open spaces, landscape, streets, streetscape, building historical facades or character.

Certain development which can compromise or alter the building character must be avoided (such as addition of business signs, storefront signs or mechanical equipment outside of the buildings).

BMA, the community leaders, and concerned citizens need to form an "Authority" to discus street vendors problems and solutions: Space on the sidewalks, umbrellas and miscellaneous sunshades, and trash control.

Список вещей, чтобы работатать

เรื่อง: ข้อตกลง

ทำอะไร: คณะกรรมการต้องตกลงกันว่าบางลำพูต้องการรักษาของดั้งเดิม และการป้องกันคุ้มครอง สถานที่ดั้งเดิม อนุสาวรีย์ ที่ว่าง ต้นไม้ ถนนหนทาง ตึกรามประวัติศาสตร์ ผิวหน้าประวัติศาสตร์ หรือลักษณะดั้งเดิมต้องได้รับการรักษาและการป้องกันคุ้มครอง ระบุผู้รับผิดชอบและค่าใช้จ่าย

เรื่อง: ร่มและแผงผ้าใบกันแดดกันฝน

ทำอะไร: ร่มและแผงผ้าใบกันแดดกันฝนเป็นอุปกรณ์สำคัญที่สุดของบางลำพู และเป็นลักษณะของตลาดแห่งนี้ เป็นชิ้นส่วนที่ไม่ถาวร (ของอาคาร) แต่เป็นลักษณะถาวรของ "ตลาดบางลำพู" คณะกรรมการควรปรึกษาหารือทำงานกับร้านค้าแผงลอยและรถเข็นเพื่อให้ได้ร่มและแผงกันแดดที่เหมาะสม ร่มและแผงผ้าใบกันแดดกันฝนควรส่งเสริมรูปลักษณ์ดั้งเดิมของอาคาร ไม่กีดขวางการจราจรของคนเดินเท้า และการจราจรรถยนต์ สถาการณ์อาจต้องการแนวความคิดที่ใหม่มากๆจากทีมงานมืออาชีพ คณะกรรมการอาจจ้างมืออาชีพอิสระเพื่อประเมินสภาวะที่เป็นอยู่ รวมทั้งการปรับปรุงแก้ไข แนวทางรูปแบบและสีสันที่จะนำเข้ามาใช้ต่อไปของสิ่งเหล่านี้ต้องผันแปรและมากเพียงพอเพื่อหลีกเลี่ยงหน้าตาที่จืดชืดเป็นแถวทหาร

เรื่อง: บางลำพูถูกครอบคลุมทางทัศนีย์ภาพและกายภาพด้วยสรรพสิ่งของที่ไม่มีค่า

ทำอะไร: ถนนและท้องฟ้าถูกปกคลุมอย่างหนาแน่นด้วยสิ่งของที่ไม่น่าพึงประสงค์ เช่น ป้ายโฆษณา โต๊ะเก้าอี้ ต้นไม้ที่โตเกินที่ ฯลฯ คณะกรรมการควรเปรียบเทียบรูปถ่ายเก่าๆกับสภาพปัจจุบัน วางแนวทางเพื่อรื้อถอนสิ่งเหล่านี้ คณะกรรมการควรปรึกษากับเจ้าของอาคารและเจ้าของธุรกิจเพื่อรื้อถอนสิ่งที่ไม่ต้องการดังกล่าว คณะกรรมการจำเป็นจะต้องออกกฎระเบียบเพื่อป้องกันปัญหาในอนาคต

Список вещей, чтобы работать

SUBJECT: Agreement

WHAT To DO: It must be agreed that Banglumpoo needs preservation and protection. Original places, monuments, open spaces, landscape, streets, streetscape, historical buildings and facades or character must be preserved and protected. Identify responsible parties and expenses.

SUBJECT: Umbrellas and sunshades

WHAT To DO: Umbrellas and miscellaneous sunshades are the most important accessories and character of Banglumpoo. They are not permanent (to the buildings) but are permanent to the "Market Place". The authority should work with the vendors to achieve the proper functionality. They should enhance the original look of the buildings; they incorporate pedestrian traffic flows and not infringe into the automobile traffic. The situation may require a fresh look by a professional teamwork. The authority may engage independent design services to evaluate existing conditions as well as to improve them. Adequate variation in designs and color applications must be encouraged to avoid a stark order and military look.

SUBJECT: Banglumpoo is visually-physically covered with junks.

WHAT To DO: Streets and sky above them have been overwhelmingly covered with extraneous elements such as commercial signs, vendor furniture, overgrown trees, etc. The authority should compare past photographic record with the present conditions. Action should be made to remove those. The authority should work with the building owners and business owners to mitigate layers of cover up. The authority must work on the regulations to prevent future problems.

Перечислите больше работы

เรื่อง: อาคารดั้งเดิมถูกปกคลุม

ทำอะไร: อาคารดั้งเดิมถูกปกคลุม (ทั้งอาคารประวัติศาสตร์และไม่ใช่อาคาร ประวัติศาสตร์) คณะกรรมการควรปรึกษากับเจ้าของอาคารและเจ้าของธุรกิจเพื่อรื้อถอนสิ่งปกคลุมที่ไม่ต้องการ คณะกรรมการจำเป็นจะต้องออกกฎระเบียบเพื่อป้องกันปัญหาในอนาคต

เรื่อง: ทางเท้าที่ถูกกีดขวาง

ทำอะไร: ทางเท้าบางแห่งถูกกีดขวางหรือบุกรุกจนคับแคบมาก คณะกรรมการต้องแนะนำหาคำตอบให้พ่อค้าแม่ค้าที่บุกรุกทางเท้า

เรื่อง: ห้องที่ว่าง ต้นไม้ที่ไม่ได้รับการดูแลรักษา

ทำอะไร: ห้องที่ว่าง ต้นไม้ต้องได้รับการดูแลรักษาตลอดเวลา คณะกรรมการต้องทำงานคุ้มกันและดูแลรักษาห้องที่ว่างและต้นไม้เหล่านี้

Перечислите больше работы

SUBJECT: Original buildings have been covered up

WHAT TO DO: Original conditions (historical, non-historical features) of buildings have been covered up. The authority should work with the building owners, business owners to mitigate layers of cover up. The authority must work on regulations to prevent future problems.

SUBJECT: Blocked sidewalks

WHAT TO DO: Certain sidewalks have been blocked or remain too narrow. The authority must work with specific vendors whose spaces infringe upon public walks.

SUBJECT: Open spaces, landscape, are not maintained

WHAT TO DO: Certain open spaces, landscape, need constant maintenance. The authority must work, protect, and maintain the specific open spaces and landscape.

เป็นไปได้ไหมที่วันหนึ่ง
บางลำพูไม่มีป้ายโฆษณา?

Однажды, может Banglumpoo не иметь никаких коммерческих признаков?

เป็นไปได้ไหมที่วันหนึ่งบางลำพูสะอาด
ไม่มีป้ายโฆษณา สวยงามเหมือนเมืองประวัติศาสตร์
ในโลกทั่วไป ?

One day, can Banglumpoo have no commercial signs?

Banglumpoo могут быть чистыми, не иметь никаких коммерческих признаков, и преуспевать как остальная часть исторического мира?

Can Banglumpoo be clean, have no commercial signs, and do well like the rest of the historical world?

Вымойтесь для человеческой безопасности здоровья

สาม: เพื่อชีวิตความปลอดภัย

มีสิ่งก่อสร้างที่กีดขวางมากมาย โดยรัฐบาล บริษัทสาธารณูปโภค และผู้ขายของที่ถือโอกาศเก็บของไว้บนทางเท้า สิ่งเหล่านี้คือเสาไฟฟ้า เสาโทรศัพท์ ตู้โทรศัพท์ ป้อมตำรวจ ต้นไม้ และ โต๊ะเก้าอี้

ทางเท้าเป็นการแก้ปัญหาที่ทุกคนมองเห็นว่าเป็นทางออกเมื่อต้องการเนื้อที่เพิ่ม ดังนั้นเสาไฟฟ้า เสาโทรศัพท์ ตู้โทรศัพท์ ป้อมตำรวจ ต้นไม้ และโต๊ะเก้าอี้จึงพบอยู่บนทางเท้าทั้งนั้น

เมื่อสังคมหรือประเทศชาติเพิกเฉยละทิ้งกับปัญหาเพราะแก้ปัญหาไม่ได้ ปัญหานั้นจะอยู่เป็นของถาวรในสังคมหรือประเทศชาตินั้นๆ กลายเป็นสิ่งที่สังคมยอมรับ มันกลายเป็นลักษณะประจำตัวของสถานที่ ของผู้คนในท้องถิ่นนั้น จะเรียกว่าความเคยชินหรือขั้นวัฒนธรรมก็ได้

ในอินเดีย ในหลายๆห้องที่การขับรถและบีบแตรถือเป็นของธรรมดา ถนนหนทางและบ้านเมืองหนวกหูมาก การบีบแตรถือเสมือนการพูดการตะโกนส่งสารระหว่างผู้ใช้ถนน "เฮ้ยอั๊วะมาแล้วโว้ย" "ขอผ่าน" "อย่านะอั๊วโกรธนะโว้ย" "ลื้อบ้า"

Вымойтесь для человеческой безопасности здоровья

Three: Clean up for life safety

There are so many obstacles which are built-up by the government, utility companies, and stored by vendors. These are light and telephone posts, telephone booths, police security stations, miscellaneous plants, and vendors' furniture.

Sidewalks are easy targets when extra spaces are needed. That's why the light poles and telephone posts, telephone booths, police security stations, miscellaneous plants, and vendors' furniture are found on the sidewalks.

When a society, or a country ignores the problem or cannot solve the problem, the problem stays, and remains a permanent part of the society, or the country. It influences the way of life; it's something the society accepts. To an extent it becomes characteristic of the place and the people. A culture?

In many parts of India, sounding automobile horns is a routine when driving. Streets or neighborhoods are very noisy. Sounding horns in driving is like shouting or talking among drivers. "I'm coming" "Let me pass you" "Don't do this, I'm mad" "You are crazy".

Будет одна часть мира учиться из другого?

มีเหตุที่ต้องใช้แตรในถนน ผู้ใช้รถไม่ต้องการขับรถตามกฎข้อบังคับ ใช้วิธีลัด รอไม่ได้ กล้าเสี่ยง แต่ภาพรวมใหญ่นั้นคือคุณภาพของผู้นำ ปัญหานี้ควรได้รับการแก้ไหรือไม่? ปัญหานี้ควรปล่อยละเลยได้หรือไม่?

สภาพที่น่ากลัวที่สุดคือบนทางหลวงที่มีเกาะขั้นกลางที่ผู้ใช้ถนนไม่เชื่อกฎข้อบังคับขับเข้ามาจากถนนเล็ก เขาจะขับสวนทางกับชาวบ้านจนสุดเกาะกั้นลาง เขาจะใช้แตรขอใช้ทางอย่างผิดกฎหมาย การใช้แตรช่วยชีวิตในอินเดีย เราจะได้ยินเสียงแตรรถยนต์ไปตลอดเมือเราขับรถหรือเดินทางในอินเดีย แต่เมื่อเสียงแตรเงียบ ถนนเงียบ สิ่งที่น่าเศร้าอาจเกิดขึ้น แตรอาจไม่ได้ช่วยชีวิต

มุมหนึ่งของโลกจะเรียนจากอีกมุมหนึ่งของโลกไหม? บางลำพูจะแก้ปัญหาหรือปล่อยปัญหาให้เป็นเปลวไฟไหม้ถาวรของบางลำพู? คำถามนี้กลับไปที่คุณภาพของผู้นำที่เราได้พูดถึง

เราควรจำว่ารัฐบาล (กทม) เป็นเจ้าของทางเท้า แต่ประชาชนมีสิทธิ์ที่จะใช้ทางเท้า เมื่อกทมสร้างทางเท้ากทมจะต้องคำนึงถึงความปลอดภัยของผู้ใช้ ยามปรกติและยามฉุกเฉิน ทั้งผู้คนธรรมดา และผู้

ทุพพลภาพ ทั้งนี้หมายความว่าทางเท้าต้องมีความกว้างเพียงพอ กทมต้องคำนึงถึงวัสดุผิวสัมผัสและความเร็วในการเดินหรือวิ่งของผู้ใช้ยามฉุกเฉิน ในภาวะปฐมพยาบาลหรืออัคคีภัย

กทม ผู้แทนบางลำพูและประชาชนที่เกี่ยวข้องห่วงใยจำเป็นต้องจัดตั้งคณะกรรมการเพื่อคุ้มครอง

ทางเท้า งานสองชิ้นที่คณะกรรมการต้องทำคือ (๑) แก้ไขรื้อถอนสิ่งกีดขวาง สิ่งกีดขวางที่แก้ไขยากจะต้องได้รับการบันทึกเป็นรายการที่ต้องช่วยกันทำร่วมมือกันทำหลายบริษัทหลาย กลุ่ม คือการไฟฟ้า (เสาไฟฟ้า) องการโทรศัพท์ (เสาโทรศัพท์, ตู้โทรศัพท์) กรมตำวจ (ป้อมตำรวจ) คณะกรรมการจะต้องสั่งห้ามการใช้ทางเท้าเป็นที่เก็บของโต้ะเก้าอี้หรือปลูกต้นไม้ ต้นไม้ที่โตเกินที่จะต้องได้รับการตัดแต่งและดูแล (๒) เขียนกฎข้อบังคับเพื่อป้องกันปัญหาในอนาคต

Будет одна часть мира учиться из другого?

There is one reason why horns are being honked in the streets; the drivers do not obey the rules, they take shortcuts, they want to save time, and they risk their lives. But the big picture could lie on the quality of leadership. Could or should the problem be solved? Could or should the problem be ignored?

The worst is in the divided highways, where lawless drivers enter from local streets. They travel in the wrong side for some distance looking for openings in the median strip to get to the right side. They use the horns to ask for the right to travel in the wrong direction. Sounding horns saves lives in India. One continues to hear that noise when driving or traveling in India. But when the noise, or the street is quiet, something horrible may have happened. Lives may not have been saved!

Will one part of the world learn from the other? Will Banglumpoo tackle the problems or let them stay a permanent burning flame at this location? It goes back to the quality of leadership as discussed above.

It should be remembered that the government (BMA) owns the sidewalks; but the public has the right to use them. When the government works the sidewalks it must think of the public safety, emergency, as well as how the handicapped people use them. These imply the un-obstructed width, the surface character and the speed of traveling especially when they are used during medical or fire emergencies.

BMA, the community leaders, and concerned citizens need to form an "Authority" to protect sidewalks. Two tasks are up front what the Authority must do: (1) Figure out how to mitigate existing obstacles. Items difficult to remove must be listed for coordination among several parties; they are the Metropolitan Electrical Authority (MEA, poles), Telephone Organization of Thailand (TOT, poles and telephone booths), and police (security stations). It must inform vendors and store owners not to leave or store furniture or plants on the sidewalks. Overgrown trees must be trimmed back properly. (2) Write regulations that protect sidewalks to avoid future mistakes.

บทที่ ๔

Непрерывное Обслуживание

การบำรุงรักษาต้องอยู่คู่บ้านเมือง

เป็นลักษณะทั่วไปในกรุงเทพฯที่การดูแลรักษาของอาคารและโครงสร้างมีไม่ทั่วถึง ผู้บริหารโครงการ สถาปนิก วิศวกร จิตรกร และปฏิมากรตื่นเต้นกับรูปโฉมที่สวยงาม แต่ไม่สนใจการดูแลรักษาที่ควรจะตามมา และเป็นจำนวนมากที่การดูแลรักษาไม่เกิดขึ้น

Chapter 4

Непрерывное Обслуживание

Ongoing Maintenance

It's common in Bangkok that buildings and structures are lacking maintenance. Program administrators, architects, engineers, artists, and sculptors are excited about shapes and forms they created but rarely interested in the maintenance that is supposed to follow. And a lot of times it doesn't follow.

ช่อมแซม ทำความสะอาด ทาสีภายนอกอาคาร:

การบำรุงรักษาต้องอยู่คู่บ้านเมือง

เป็นลักษณะทั่วไปในกรุงเทพฯที่การดูแลรักษาของอาคารและโครงสร้างมีไม่ทั่วถึง ผู้บริหารโครงการ สถาปนิก วิศวกร จิตรกร และปฏิมากรตื่นเต้นกับรูปโฉมที่สวยงาม แต่ไม่สนใจการดูแลรักษาที่ควรจะตามมา และเป็นจำนวนมากที่การดูแลรักษาไม่เกิดขึ้น

ตัวอย่างอันหนึ่งคือ **๓๒** สถานีและ **๕๕** ก.ม. โครงสร้างยกลอยรองรับรถลอยฟ้าของกรุงเทพฯ (บวกกับอีก **๘** สถานีและ **๒๘.๖** ก.ม. ไปสนามบิน) โครงสร้างควรจะได้รับการตรวจตราตลอดเวลา ปัญหาที่ตรวจพบจะต้องได้รับการแก้ไขทันที ผิวด้านล่างของคานคอนครีตของรถไฟฟ้าสองสายแรกเริ่มรับไอเสียรถยนต์จากการจราจร ต่อไปโครงสร้างนี้จะมีตะไคร่น้ำจับ จากการที่ตากแดดตากฝนเป็นภาพพจน์ของกรุงเทพฯ

Repair, clean, repaint building exterior:
An ongoing maintenance

Это обычно в Бангкоке, что здания и структуры не имеют никакой программы обслуживания.

It's common in Bangkok that buildings and structures are lacking maintenance. Program administrators, architects, engineers, artists, and sculptors are excited about shapes and forms they created; they are rarely interested in the maintenance that's supposed to follow. And a lot of times it **doesn't follow**.

One example is the 32 elevated stations and 55 km of tract that support the functionality of the Bangkok's BTS skytrain (plus 8 stations and 28.6 km the Airport link). Structures need monitoring for their soundness; any problems warrant immediate attentions. The underside concrete structures of the original two lines start to pick up the automobile fumes. In time mold growing from the rainwater will add to the city's images.

Система - одна из главных работ обслуживания города. Это является и на земле и воде. Степень работы является очень большой. Где структура пересекает реку, обслуживание не то же самое и может быть более трудным.

ระบบงานนี้เป็นการดูแลรักษาที่**สำคัญ**ที่สุดแห่งหนึ่งของกรุงเทพฯ เป็นงานที่อยู่ทั้งบนบกและในน้ำ ปริมาณงานกว้างใหญ่ไพศาล จุดที่โครงสร้างข้ามแม่น้ำ การดูแลรักษาจะแตกต่างและ ***ไม่ง่าย***

รถ**ไฟฟ้า**กรุงเทพฯจะต้องวางแผนเมื่อเผชิญกับเหตุ**ฉุก**เฉิน เช่นการปฐมพยาบาล โครงสร้างเสียหายหรือการผิดพลาดเสียหายอย่างอื่น ต้องวางแผนให้ความปลอดภัยกับประชาชนทั้งยามฉุกเฉินและนอกยามฉุกเฉิน ต้องวางแผนวิธีการซ่อมแซมหรือทำความสะอาด การทำงานโดยที่ต้องหยุดการทำงานของรถไฟฟ้า หรือไม่จำเป็นต้องหยุด

BTS skytrain должен выяснить, как иметь дело с критическим положением, типа скорой помощи, структурной или иначе отказы системы.

The system is one of the city's major maintenance works. It is both on land and water. The extent of work is very large. Where the structure crosses the river the maintenance is different and is *not any easier*.

The BTS skytrain has to figure out how to deal with emergencies such as first aid, structural or otherwise system failures. Figure out how to protect the public in the emergency and nonemergency basis. It has to figure out the method of repair or clean up. It has to figure out how to perform maintenance work with or without having to stop the operation of the skytrain.

Бангкок может учиться из других городов также, те, кто запланировал заранее, и те, кто не планировал заранее.

กรุงเทพฯสามารถเรียนรู้จากเมืองอื่นได้ เมืองที่วางแผนล่วงหน้า เมืองที่ไม่ได้วางแผนล่วงหน้า สะพานโกลเดนเกท ที่เมืองซานฟรานซิสโกสหรัฐอเมริกาได้รับการทาสีปีละหนึ่งครั้ง อย่างไรก็ตามการทาสีเป็นงานที่ต้องทำเพื่อเป็นการบำรุงรักษาสะพานนี้ จนกระทั่งปี พ.ศ. ๒๕๐๘ การทาสีสะพานมีเพียงครั้งเดียว ในปีนั้น (พ.ศ. ๒๕๐๘) การผุกร่อนอย่างก้าวหน้าของสะพานได้ถูกค้นพบจึงได้มีโครงการลอกสีเดิมซึ่งเป็นสีตะกั่วออก การลอกสีใช้เวลา ๓๐ ปีและเสร็จเรียบร้อยในปี พ.ศ. ๒๕๓๘ การทาสีสะพานเป็นความจำเป็นเพื่อปกป้องคุ้มกันสะพานจากอากาศที่มีส่วนผสมเกลือสูงซึ่งทำให้เหล็กเป็นสนิมและผุกร่อนและสามารถทำลายบูรณภาพของโครง สร้างสะพานได้ สะพานโกลเดนเกทจะต้องได้รับการทาสีตลอดไป โครงการล่าสุดสะพานโกลเดนเกทได้รับการเปลี่ยนแปลงเพิ่มเติมให้สามารถรับกำลังแผ่นดินไหวถึง ๘.๓ ริคเตอร์ ซึ่งจะเกิดขึ้นได้วันใดวันหนึ่งในซานฟรานซิสโกขณะนี้

โครงสร้างรถไฟฟ้าเป็นคอนครีตและไม่มีอากาศที่มีส่วนผสมเกลือเข้ามายุ่งตอนนี้แต่โครงสร้างนี้อยู่กับฝนมรสุม แดดร้อนจัด และอากาศที่มีไอน้ำสูง สามารถมีผลสท้อนทำลายบูรณภาพของโครงสร้างคอนครีตได้ รถไฟฟ้ากรุงเทพฯยาว ๘๓.๖ ก.ม. ซึ่งยาว ๓๑ เท่าของสะพานโกลเดนเกท (๒.๗ ก.ม.) การสร้างรถไฟฟ้าบนแผ่นดินที่มีคนอยู่อาศัย และในแม่น้ำที่ดินอยู่ลึกเป็นงานที่ราคาแพง การบำรุงรักษาไม่ใช่ของง่าย

ความสำเร็จในการบำรุงรักษาขึ้นอยู่กับการวางแผนก่อนก่อสร้างดีแค่ไหน หรือสิ่งคุกคามใหม่ล่าสุดต้องได้รับการพิจารณา (เช่น แผ่นดินไหวที่รุนแรงขึ้นในซานฟรานซิสโก อากาศเสียจากรถยนต์ที่มากขึ้นในกรุงเทพฯ)

แต่เหมือนกับอาคารและโครงสร้างทั่วไปในกรุงเทพฯ ปัจจุบันยังไม่มีวี่แววว่ารถไฟฟ้ากรุงเทพฯมีการบำรุงรักษาโครงสร้างหรือทำความสะอาดแต่อย่างใด

Успех программ обслуживания зависит, как хорошо программа была разработана наряду со зданием прежде, чем это построилось.

Bangkok can learn from other cities as well, those who planned ahead, and those who didn't plan ahead. The Golden Gate Bridge (San Francisco, USA) is painted once a year. However, painting the Golden Gate Bridge is an ongoing task and the primary maintenance job associated with upkeep of the bridge. Until 1965, only one paint touch up was required on the bridge. In 1965 advanced corrosion was noticed on the bridge which sparked a program to remove the bridge's original lead-based paint. The paint removal took 30 years and was completed in 1995. The bridge's paint is necessary to protect the bridge from the high salt content in the air which rusts and corrodes the steel components and can damage the structural integrity of the bridge. The Bridge will continue to require routine touch up painting on an on-going basis. Recently it has been receiving an upgrade to resist an 8.3 Richter scale earthquake which could hit San Francisco any day now.

The skytrain is supported by concrete structure and no saltwater is involved (yet). But the structure is subject to the monsoon rain, extreme solar heat and humidity which could affect its integrity in many ways. The 83.6 km system total length is 31 times that of the Golden Gate Bridge (2.7 km or 1.7 miles). Building these on land where the people live, and in the river where land is far below are expensive. Maintaining these will not be simple.

The success of maintenance programs depends on how well everything was figured out before it was built. Or new threats are being taken into consideration (i. e. stronger earthquake in San Francisco, air pollution from automobiles in Bangkok).

But like most buildings and structures in Bangkok, so far there has been no evidence of the BTS skytrain structural maintenance, clean up or otherwise.

การทำความสะอาดใต้โครงสร้างเหล่านี้จะเป็นภัยกับประชาชนหรือไม่? คนงานหรือเครื่องมือจะเอื้อมถึงผิวงานข้างบนและข้างล่างอย่างไร?

Очистка этих структур станет риском жизни? Как рабочие или оборудование могут достигнуть поверхностей работы, выше и ниже?

I CAME FROM ANOTHER CITY WHERE THEY KEPT ME UNDER THE GROUND. BANGKOK LOVES ME; I CAN HANG AROUND ABOVE GROUND. BANGKOK THINKS I'M PRETTY. YOU - PRETTY? YEAH, I'M THE SYMBOL OF BANGKOK. I'M NOT LIKE YOU - UGLY!

Will cleaning the underside of these beams cause a public safety risk? How can workers or equipment reach the work surfaces, above and below?

รถไฟฟ้ากรุงเทพฯยาว ๓๑ เท่าของสะพานโกลเดนเกท และยังเติบโตต่อไป วิธีการทำความสะอาดผิวคอนกรีตไม่ได้ออกแบบไว้ในระบบ มันจะเป็นการแก้ปัญหารอบที่สองเช่นเดียวกับรถไฟฟ้า การแยกเขม่าจากผิวคอนกรีตและเก็บไว้ในที่ๆปลอดภัยก่อนนำไปทิ้งให้ถูกที่จะทำด้วยความลำบาก ถ้างบประมาณไม่มี ค่าโดยสารรถไฟฟ้าจะแพงขึ้น แต่ที่สำคัญที่สุดก็คือ เขม่ารถยนต์จากผิวคอนกรีตจะได้รับการกำจัดหรือไม่ หรือจะปล่อยให้ถึงจุดที่หลุดลงมาเป็นปัญหากับสุขภาพประชาชน รอจนกระทั่งให้กลายเป็นเหตุฉุกเฉินอย่างทุกอย่างในกรุงเทพฯ

Система - приблизительно 31 длина Моста Золотой Вороты, и растет. Метод очистки никогда не разрабатывался в систему.

WHEN YOU ARE SICK AND TAKE THE WRONG MEDICINE, YOU WILL BE MORE SICK. INSIST YOUR DOCTOR FOR THE RIGHT MEDICINE -

ปัญหาจราจรมีวิธีแก้ได้หลายชนิด ชนิดที่ง่ายคือการวางแผนล่วงหน้ามาแล้ว 100 ปี ชนิดที่ยากคือก่อนจะจมแก้ตาย - เราแก้ปัญหาปลายเหตุ.

The system is about 31 Golden Gate Bridge's length, and growing.

Удаление и управление веществом сажи для надлежащего распоряжения будут трудны. Если бюджет не существует, это могло бы перевести на увеличения платы за проезд. Но наиболее важно это будет удалено? Или это должно ждать этого, чтобы стать проблемой здоровья людей? Ждите этого, чтобы стать критическим положением как все остальное в Бангкоке?

The method of cleaning has never been designed into the system; it will be a second thought like the BTS skytrain itself. Removing and securing the soot substance for proper disposal will be difficult. If the budget doesn't exist it could translate into fare hikes.

But most importantly will it be cleaned? Or does it have to wait until the soot crumbles to the ground and affects the people's health? Wait until it becomes an **emergen**cy like everything else in Bangkok?

Некоторые города в мире удаляют поднятые поезда или шоссе, которые едут через их города.

ในขณะที่กรุงเทพฯเห็นรถไฟฟ้าหรือทางหลวงยกลอยเป็นความสำเร็จ เมืองบางแห่งในโลกได้ลื้อรถไฟฟ้าหรือทางหลวงที่วิ่งผ่ากลางเมืองชนิดนี้ทิ้ง บอสตั้น (Boston) แมสซาชูเสตส์ เป็นตัวอย่างแห่งหนึ่ง ทางหลวงยกลอยที่วิ่งผ่ากลางเมืองพิสูจน์ให้เห็นว่าสกปรกและดูแลรักษายาก ถนนข้างล่างด้อยความสะดวกการจราจรช้าลง ถนนดูมืดมีลักษณะเป็นเมืองชั้นสอง ทางหลวงยกลอยควรจะแก้ปัญหาการจราจร แต่ที่จริงแก้ไม่ได้

รถไฟฟ้าหรือทางหลวงยกลอยในนิวยอร์คถูกจัดให้อยู่ในย่านที่ไม่มีราคา ส่วนมากอยู่นอกเกาะแมนฮัตตั้น

เกาะแมนฮัตตั้นแพงเกินไปที่จะให้อะไรๆมาเบียดกับตึกบนท้องฟ้า ไม่มีใครมองเห็นภาพรถไฟฟ้าหรือทางหลวงยกลอยบนถนนหลวงสายห้า นอกจากถนนจะคับแคบมืดสกปรกเป็นเมืองชั้นสองแล้ว การที่จะขุดฝังท่อระบายน้ำเสียใต้ดินจะทำยากขึ้น

กรุงเทพฯจะคงสภาพอะไรหลายอย่างที่ได้เปรียบถ้าไม่มีรถไฟฟ้า แต่สำหรับผู้ที่ได้ผลประโยชน์จากบริการจะชอบ เพราะรถไฟฟ้าช่วยประหยัดเวลาเดินทาง แต่ปัญหาอย่างอื่นตามมา ถนนข้างล่างแคบ การจราจรช้าลง โครงสร้างมหึมาที่สกปรกและน่าห่วงใย การจราจรที่มีชั่วนาตาปีก็ยังมีอย่างเดิม ปัญหาอีกอันที่รออยู่ การที่จะขุดฝังท่อระบายน้ำเสียใต้ดินจะยุ่งยากมากขึ้น

Некоторые города в мире удаляют поднятые поезда или шоссе, которые едут через их города.

While Bangkok sees skytrains, or elevated express ways as its success story, some cities in the world demolish elevated trains or highways that travel through their urban spaces; Boston, Massachusetts (USA) is one example. These elevated structures prove to be dirty and difficult to maintain. The streets below are compromised. The traffic underneath moves more slowly; it's dark and appears to be a second-class urban space. Elevated trains were to solve urban traffic problems, but in practice, they have never accomplished that.

Elevated trains or highways in New York City (NY, USA), are kept in the less valuable neighborhoods, mostly outside of Manhattan.

Manhattan Island is too expensive to have anything fighting with the buildings in the sky. Nobody can imagine skytrains or elevated highways on Fifth Avenue. Not only would the street be narrow, dark, dirty, and second-class, but also the sewer system under the city would be more complicated.

Bangkok could have been better off without the skytrains; but some who benefit from the service appreciate the enterprise because they save travel times. On the other hand, other problems loom. Because of the skytrains the city has to live with narrow streets below, slow traffic, dirty mega structures to clean and worry about, and the "old friend" traffic jam occuring with no end in sight. Other problems also wait in the wing. If the city has to build the sewer system, it will be more complicated.

В сравнении с Бангкок, Banglumpoo - намного меньше проблемы обслуживания.

เมื่อเทียบกับกรุงเทพฯบาง**ลำพู**มีงานบำรุงรักษาน้อยมาก แต่งานนี้จะเป็นปัญหาใหญ่หลวงถ้าปล่อยปละละเลย ปีแล้วปีเล่าตะไคร่น้ำและเขม่ารถยนต์จะเพิ่มและเห็นชัดขึ้น ไม่ว่าบางลำพูจะเล็กแค่ไหน มีหลายๆแห่งที่เห็นชัดว่าบกพร่องในงานบำรุงรักษา

รัฐบาล**ท้องถิ่น (กทม)** จะต้องเป็นผู้นำในงานบำรุงรักษา อาคารตึกรามจะต้องมีงบประมาณบำรุงรักษาตามตัวตลอดชีวิตอาคารนั้น ถึงเวลาแล้วที่ กทม ควรไตร่ตรองเงินภาษีแบ่งส่วนที่เป็นงานบำรุงรักษา เขียนเป็นกฎหมายหรือกฎข้อบังคับ บางลำพูจะได้งานบำรุงรักษาที่ถูกต้อง

เป็นที่น่ายินดีที่งานบำรุงรักษาบางลำพูไม่ยุ่งยากเท่ารถไฟฟ้ากรุงเทพฯ (๑) ในเมืองประวัติศาสตร์อย่างบางลำพู งบประมาณงานบำรุงรักษาควรจะหาได้ไม่ยาก (๒) ทุกฝ่ายที่เกี่ยวข้องจะได้ผลประโยชน์โดยตรงจากการลงทุนนี้ กทม เจ้าของอาคารและผู้เช่าจะชื่นชมกับสภาพสิ่งแวดล้อมที่ดี จะเป็นการลงทุนที่ได้ผลทันตา ลูกค้าจะชื่นชมยินดีกับตลาดและร้านค้าที่สะอาดสะอ้าน

В сравнении с Бангкок, Banglumpoo - намного меньше проблемы обслуживания.

Compared to Bangkok, Banglumpoo is much less of a maintenance problem. But it could loom big if it is ignored. Year after year water stains and automobile fumes will increase their magnitudes and visibilities. No matter how small Banglumpoo is, there are many locations where maintenance appears to be lacking.

The local government (BMA) needs to provide the leadership and initiation. The maintenance budget must be a part of the operation for the entire life of any building. It is the time that BMA looks into tax money, divide it up for a maintenance budget; establish laws or regulations so that Banglumpoo is properly maintained.

Fortunately the maintenance task here should not be nearly as complicated as the Bangkok BTS skytrain. (1) For a historical district, Banglumpoo, the maintenance fund should not be difficult to secure. (2) All involved parties will benefit directly from the investment: The local government (BMA), the building owners, and tenants will enjoy the uplifting environments. The investment will result in an instant return. Shoppers will enjoy and appreciate well-maintained places.

บทที่ ๕

Пустынным структурам нужно позволить стоять
там до конца мира?

อาคารที่ถูกละทิ้งควรจะปล่อย
ให้ยืนอยู่ที่นั่นตลอดไป?

ที่นี่อาจเป็นที่อยู่ของลิงยักษ์กับสาวสวยคนนั้นแต่เราไม่เห็น ไม่มีใครเห็นจนกระทั่งวันหนึ่งกล้วย
หมด แต่วันหนึ่งเขามีงานเลี้ยงกัน เขาเชิญเพื่อนมากมายและเตรียมหุงต้มอาหารเลี้ยงแขก ทั้งแขกทั้ง
เจ้าภาพติดไฟ ตึกติดไฟ อะไรหลายๆอย่างเกิดขึ้นได้ทั้งนั้น

Chapter 5

В тайском обществе, обеспечение детей к школам - подготовка, чтобы читать и написать; затем должен продвинуть их, чтобы полировать фамилии, стать лидерами, боссами. Верный или не верный не важным. В идеальной ситуации, когда деньги не проблема, дети пойдут в Европу или Америку с этой целью.

Should deserted structures be allowed to stand there forever?

It could be the place where King Kong lives with his beautiful woman. But we don't see them yet. Nobody sees them yet until they run out of bananas. But then one day – they have a party. Inviting a lot of friends, they prepare food for the party. They are on fire; the building is on fire. Anything could happen.

อาคารที่ถูกละทิ้งควรจะปล่อยให้ยืนอยู่ที่นั่นตลอดไป?

น่าคิด กทม ผู้แทนบางลำพูและประชาชนที่เกี่ยวข้องห่วงใยจำเป็นต้องจัดตั้งคณะกรรมการเพื่อ**แก้ปัญหานี้**

ในบางสังคมมีความเชื่อว่าพ่อแม่ส่งลูกให้เรียนเพื่อพ่อแม่จะได้หลุดพ้นจากการเบียดเบียนของลูกเมื่อโตขึ้น เขาจะมีความสามารถในการทำมาหากินเลี้ยงตัว นักเรียนที่ไม่ประสพความสำเร็จจะเป็นปัญหาของสังคม

Should deserted structures be allowed to stand there forever?

Интересный! BMA, лидеры сообщества, и заинтересованные граждане должны сформировать 'Власть' решить эту проблему

Interesting! BMA, community leaders, and concerned citizens need to form an "Authority" to solve this problem.

In some societies, there is a belief that adults send children to schools so that they don't rob us when they grow up. They'll have enough skill to earn a living. Those who fail will become problems to the societies.

ในสังคมไทยส่งลูกไปเรียนหนังสือเป็นการเตรียมตัวให้เด็กอ่านและเขียน ระดับต่อไปเป็นการมุ่งทำให้เด็กสร้างชื่อเสียงให้แก่วงศ์ตระกูล เป็นผู้นำ เป็นเจ้านาย จริงหรือไม่ไม่สำคัญ ในกรณีย์ที่ดีที่สุดที่เงินไม่เป็นปัญหาเด็กเหล่านี้จะถูกส่งไปยุโรปหรืออเมริกา

บางลำพูเป็นสเมือนพ่อแม่ที่ผิดพลาดล้มเหลวในการส่งลูกไปโรงเรียนเมื่อบางลำพูมีตึกร้างตั้งอยู่กลางเมือง

В тайском обществе, обеспечение детей к школам - подготовка, чтобы читать и написать; затем должен продвинуть их, чтобы полировать фамилии, стать лидерами, боссами. Верный или не верный не важным. В идеальной ситуации, когда деньги не проблема, дети пойдут в Европу или Америку с этой целью.

ตึกหลังนั้นเป็นแหล่งอันตรายไฟไหม้ เป็นที่อยู่ของเชื้อโรค ประชากรของงู หนู แมลงสาบ ฯลฯ ไม่มีใครรู้ว่ามีอะไรอีกที่ซ่อนอยู่ในที่มืดในตึกหลังนี้ วันหนึ่งเป็นไปได้ที่ตึกหลังนี้จะนำความ**พินาศเสียหายมาให้บางลำพู** หรือความพินาศเสียหายมาให้**ทั้งกรุงเทพฯ** ความพินาศเสียหายอาจ**มากมายกว่าเด็กที่กลับมาเบียดเบียนพ่อแม่** ความพินาศเสียหายอาจมากมายเท่า **กับเด็กที่ปล้นบ้านเมือง** ปล้นประเทศชาติ

In the Thai society, sending kids to schools is a preparation to read and write; next is to advance them to polish the family names, to become leaders, the bosses. Whether it is true or not is not important. In an ideal situation when money is not a problem, kids will be sent to Europe or America.

Banglumpoo is like parents who fail the kids at schools when it allows a major deserted building to stay within its territory.

Banglumpoo походит на родителей, дети которых не успешны в школах, когда это позволяет главному пустынному зданию оставаться в пределах его территории.

That building is a fire hazard; it houses disease, snake, rodent, cockroach population, etc. Who knows what else is in that dark space. One day it could inflict Banglumpoo and Bangkok as a whole. The damage could be much more than the kids robbing the parents. The damage could be the scale of the kids robbing the city, the country.

ที่นี่อาจเป็นที่อยู่ของลิงยักษ์กับสาวสวยคนนั้น แต่เราไม่เห็น ไม่มีใครเห็นจนกระทั่งวันหนึ่งกล้วยหมด แต่วันหนึ่งเขามีงานเลี้ยงกัน เขาเชิญเพื่อนมากมาย และเตรียมหุงต้มอาหารเลี้ยงแขก ทั้งแขกทั้งเจ้าภาพติดไฟ ตึกติดไฟอะไรหลายๆอย่างเกิดขึ้นได้ทั้งนั้น

รถดับเพลิงจะมาถึงทันเวลาไหม? การจราจรจะเป็นปัญหากับรถดับเพลิงหรือไม่? จะมีน้ำเพียงพอในท่อดับเพลิงไหม? ไฟจะไหม้ตึกวอดทั้งหลังไหม? ไฟจะไหม้กลุ่มตึกวอดทั้งกลุ่มหรือทั้งตลาดไหม? ทั้งบางลำพูไหม? ทั้งกรุงเทพฯไหม?

อะไรจะเกิดขึ้นกับเชื้อโรคประชากรของงู หนู แมลงสาบ ฯลฯ เชื้อโรคประชากรของ งู หนู แมลงสาบ ฯลฯ จะอพยบไปที่ตึกข้างเคียงเหลือจากไฟไหม?

It could be the place where King Kong lives with his beautiful woman. But we don't see them yet. No body sees them yet until they run out of bananas. But then one day – they have a party. Inviting a lot of friends they prepare food for the party. They are on fire; the building is on fire. Anything could happen.

Will the fire department come on time? Will the traffic jam block the fire engine from a timely arrival? Will there be enough water in the fire hydrants. Will the building burn down? Will the entire building block burn down? The entire Banglumpoo? Bangkok……? What will happen to the disease, snake, rodent and cockroach population? Will they migrate next door away from the fire?

ตึกล้างหลังนี้ใช้ทำอะไรไม่ได้ เหมือนสินค้าที่บุบสลาย
รถรยนต์ที่เสีย รถไฟที่พังยับ เรือที่จมอยู่ใต้น้ำ

Это пустынное здание бесполезно. Это походит на повреж
товары, остановленный автомобиль, разрушенный поезд
затонувшее судно

ไม่เพียงแต่ใช้ทำอะไรไม่ได้ ตึกหลังนี้เป็นอันตราย เป็นพิษเป็นภัยที่จะปล่อยให้อยู่ในบ้านเมือง

กทม ผู้แทนบางลำพูและประชาชนที่เกี่ยวข้องห่วงใยจำเป็นต้องจัดตั้งคณะกรรมการเพื่อจะต้องทำอะไรสักอย่าง รื้อทิ้ง หรือหาทางใช้ประโยชน์

ตึกหลังนี้ควรจะเป็นโรงจอดรถ? เป็นพิพิธภัณฑ์? หรือเป็นโบสถ์
เป็นวัด?

This deserted building is useless. It is like a damaged merchandise, a stalled automobile, a wrecked train, or a sunken ship.

It's not only useless but also dangerous and hazardous to let it exist in an urban space.

BMA, community leaders, and concerned citizens need to take action. Either demolish it or convert it to something useful.

Should it be a garage, a museum, or a temple?

เชิญผู้ออกแบบจากต่างประเทศมาออกแบบตึกจอดรถ

กทมทำเงิน
วันละหลายล้าน

กทมทำเงิน
วันละหลายล้าน

Давайте импортировать проектировщика для проекта гаража.

Давайте импортировать проектировщика для проекта гаража.

Let's import a designer for a garage design.

เชิญผู้ออกแบบที่มีชื่อมากๆจากต่างประเทศมา**ออกแบบตึกพิพิธภัณฑ์**

ตึกนี้ทำเงิน
มากมายให้กทม

ตึกนี้ทำเงิน
มากมายให้กทม

Импортируйте более знаменитого проектировщика для музея

Import a more famous designer for a museum.

แต่ถ้าวัดกรีกเป็นสิ่งที่เราอยากสร้าง สร้างวัดกรีก

Мы видим очень яркий путь к небесам.

๗๖

But if a Greek temple is in demand, build the Greek temple.

We see a bright way to heaven.

We see a very bright way **to heaven.**

หรือขอยืมศิลปะชิ้นสำคัญของ ออร์ธอดอกส์ จาก

เรด-สแควว มอสโคว์ ดีกว่าปล่อยให้เป็นตึกล้าง

Or we can try borrowing a masterpiece of Orthodox art from Red Square, Moscow.
It's better than leaving this structure unused.

Это - действительно драгоценный камень, от холодной части мира. Это будет держать Бангкок или Banglumpoo теплым или удобным настроение, к которому мы призываем в любое время. Это не шикарный выбор?

บทที่ ๖

ป้ายโฆษณา

สถาปนิกใช้เวลาฝึกฝนหลายร้อยชั่วโมงใน
การออกแบบผิวหน้าตึกที่จะประสบความ
สำเร็จ

"ผมควรจะรู้ล่วงหน้าดีกว่านี้" สถาปนิกทั้งหมดจะ
พูดเป็นเสียงเดียวกันเมื่อเห็นตึกหลังนี้ การ
ออกแบบผิวหน้าตึกตกอยู่ในมือของผู้ออกแบบป้าย
โฆษณา ไม่ใช่สถาปนิก โลกเปลี่ยน*ไป*

Chapter 6

Large Billboards

Architects were trained so many hundred hours to design successful building elevations or building facades.

"I should have known better". All of them would have said the same when seeing this building. Elevation design is in the hand of an advertising designer, not an architect anymore. The world has *changed*.

การใช้ป้ายโฆษณาขนาดใหญ่เป็นวัฒนธรรมไทยหรือ?

ป้ายนี้เป็นของกทม โฆษณาสนับสนุนการใช้ชีวิตที่สงบเสงี่ยม เป็นป้ายที่ผิดขนาด ผิดสารผิดสถานที่ (๑)ใหญ่มากจนบังต้นไม้เกือบหมด (๒) สารในป้ายโฆษณานี้ควรจะนำไปใช้ที่สยามพารากร ไม่ใช่ที่บางลำพู

Действительно ли большой рекламный щит - часть тайской культуры?

ป้ายโฆษณานี้เป็นของเอกชน เป็นป้ายที่ต้องการให้ผู้ที่กำลังเดินทางได้อ่าน และจดข้อความในวินาทีแรก เป็นป้ายที่เรียกร้องความสนใจมาก ไม่มีใครที่มองไม่เห็นป้ายโฆษณานี้ แต่จะไม่มีใครที่มองเห็นตัวอาคาร

Is a super large billboard a part of Thai culture?

Owned by the BMA, the board campaigns for the Modest Urban Lifestyle. The print is the wrong size that conveys the wrong message at the wrong place: (1) It is so large; it blocks much of the organized greenery. (2) The message is applicable to Siam Paragon, not to Ban**glum**poo.

Privately owned, this sign wants drivers of moving traffic to read and jot down the information in a second. It's the maximum attention getting. You cannot miss the sign, but you've already missed the building.

ท่านเห็นตึกหลังนี้ไหม? จำเป็นไหมที่ใครจะต้องเห็นตึกหรืออาคาร?

สถาปนิกใช้เวลาฝึกฝนหลายร้อยชั่วโมงในการออกแบบผิวหน้าตึกที่จะประสบความ สำเร็จ

"ผมควรจะรู้ล่วงหน้าดีกว่านี้" สถาปนิกทั้งหมดจะพูดเป็นเสียงเดียวกันเมื่อเห็นตึกหลังนี้ การออกแบบผิวหน้าตึกตกอยู่ในมือของผู้ออกแบบป้ายโฆษณา ไม่ใช่สถาปนิก **โลกเปลี่ยนไป**

โลกอาจเปลี่ยนไป**ในทางที่ดี** สตีฟ จอบส์ (Steve Jobs) ผู้ร่วมก่อตั้งบริษัทแอปเปิลคอมพิวเตอร์ (Apple Computer) ได้พิสูจน์ให้โลกเห็นว่าความสวยงามจะต้องเป็นส่วนหนึ่งของชีวิตเราไม่ใช่เฉพาะประโยชน์ใช้สอยเท่านั้น ผลลัพธ์ที่เกิดขึ้นคือผลิตภัณฑ์ของแอปเปิลคอมพิวเตอร์ดึงดูดลูกค้าเป็นจำนวนมากให้มารอทั้งคืนก่อนที่ร้านจะเปิดเพื่อซื้อผลิตภัณฑ์ของบริษัท แอปเปิลคอมพิวเตอร์เลือกที่จะอยู่ในความทรงจำของเรา (ในฐานะผู้ผลิตของสวยงาม) ผู้อื่นเป็นจำนวนมากเลือกที่จะให้เราลืม

Can you see the building? But does it matter?

Architects were trained so many hundred hours to design successful building elevations or building facades.

"I should have known better". All of them would have said the same when seeing this building. Elevation design is in the hand of an advertising designer, not an architect anymore. The world has changed.

But the world may change for the better. Steve Jobs, Apple Computer co-founder had proved to the world that esthetic must be a part of our lives, not just the functionality. As a result, Apple Computer's products attract more people to line up before the stores open. Apple chooses to be remembered (as one who builds beautiful things). A lot of others choose to be forgotten.

อย่าใส่หน้ากากให้อาคารที่ออกแบบโดยปรามาจารย์;

มันเป็นอาชญากรรม

Не покрывайте
Здания,
Разработанные
Архитектором
Владельца.

เป็นงานละเอียดอ่อนเมื่อ เลอ คอร์บูซิเอร์ (Le Corbusier) (พ.ศ. ๒๔๓๐-๒๕๐๘) สถาปนิกที่รู้จักกันทั่วโลกออกแบบอาคารใช้ระบบการวัดโมจูเลอร์ หยั่งรากไปที่กฎคณิตศาสตร์กรีกโบราณ เลอ คอร์บูซิเอร์ ได้สร้างระบบการวัดนี้ ความเชื่อคือการใช้มิติที่ได้มาจากร่างกาย มนุษย์เพื่อปรับปรุงความงามและประโยชน์ใช้สอย โครงสร้างความคิดนี้มาจาก "กฎความงาม" หรือสัดส่วนของ ๑:๑.๖๑๘ ซึ่งมีบทบาทใช้สอยในประวัติศาสตร์ศิลปะและสถาปัตยกรรมกรีก เป็นกฎธรรมชาติที่เห็นในพืชและสัตว์ ในร่างกายมนุษย์ สัดส่วนที่งดงามคือ (๑) ระยะจากศรีษะถึงสะดือ และ (๒) จากสะดือถึงปลายเท้า ที่อยู่ในเกณฑ์ "กฎความงาม" (๑:๑.๖๑๘ หรือกฎความงามแห่งเทพ) แต่ถ้าชูมือเหนือศรีษะสัดส่วนจะเป็น ๑:๑

Don't Cover up The Buildings Designed by the Master; it's a crime.

It was very elaborate when Le Corbusier (1887-1965), the world renowned architect, designed his buildings using Modulor. Based on an ancient Greek mathematical formula Le Corbusier came up with a dimensional system. The belief is to use dimensions from human bodies to improve aesthetics and functionality. The concept came from "Golden Section" or a proportion of 1:1.618 which had been used in historical Greek art and architecture. It's known an order in plants and animals. In humans, a good proportion is when two measurements (1) from top to navel and (2) from the navel to feet conform to the Golden Section (1:1.618 or Divine Proportion). But if a hand is raised above the head the ratio will be 1:1.

เป็นอาชญากรรม

Это - преступление; это - неумолимое невежество, чтобы покрыть любые сложные кропотливые произведения искусства, Le Corbusier или не, с коммерческими рекламными щитами.

หลังจาก ๖-๑๒ ปี หรือนานกว่านั้นของการทดลอง เลอ คอร์บูซิเอร์ ได้นำมิติความสูงของผู้ชายชาวอังกฤษซึ่งสูง ๑๘๓ ซ.ม. หรือ ๖ ฟุต มาเป็นจุดสร้างการวัดสองกลุ่ม คือมิติสีแดงและสีน้ำเงิน เป็นการกระทำที่ยกเลิกลบล้างระบบเมตรหรือฟุต ลูกศิษที่มีความเชื่อใช้ระบบการวัดโมจูเลอร์ทั่วไป รวมทั้งการวางผังเมืองด้วย ผู้ที่ไม่มีความเชื่อไม่ใช้โมจูเลอร์ แต่ใช้ "กฎความงาม" "กฎการเปลี่ยนแปลง" หรือกฎอย่างอื่นในการออกแบบ เป็นไปได้ว่าสถาปนิกเหล่านี้ใช้เวลาหลายแสนชั่วโมงในการปฏิบัติงานอาชีพที่ไม่มีทางเลือกและไม่มีทางลัด

เป็นอาชญากรรม เป็นความไม่ฉลาดที่สังคมอภัยให้ไม่ได้ ในการปกคลุมใส่หน้ากากงานละเอียดอ่อนทางศิลปะด้วยป้ายโฆษณา ไม่ว่างานนั้นจะเป็นของ เลอ คอร์บูซิเอร์ หรือไม่

It's a crime.

Это - преступление, это - неумолимое невежество, чтобы покрыть любые сложные кропотливые произведения искусства, Le Corbusier или не, с коммерческими рекламными щитами.

After 6-12 years of trial and error, if not longer, Le Corbusier incorporated a man's height, an English man of 183 cm or 6 feet to arrive at two series of dimensions, red and blue. It's a principle in part that eliminates metric or foot and inch system. Strict followers use it everywhere including city planning. Non-followers may not use Modulor, but Golden Section, dynamic symmetry, or others in the building design. These are likely to be millions of hours of professional hard work.

It is a crime; it is an unforgiving ignorance to cover up any elaborate painstaking works of art, Le Corbusier or not, with commercial billboards.

เราขาดกฎเกณฑ์

เมืองทั่วโลกสร้างกฎเกณฑ์เพื่อความปลอดภัย ความพากพูมใจ และความสะอาดเรียบร้อยของบ้านเมือง

เหมือนเมืองอื่นๆในโลก บอสตั้น (Boston) แมสซาชูเสตส์ สหรัฐอเมริกา มีคณะกรรมการเพื่อตรวจตราการออกแบบผิวหน้าของอาคารบนถนนสายสำคัญๆในเมือง

บางลำพูมีถนนสายสำคัญๆหลายสาย กทม ผู้แทนบางลำพูและประชาชนที่เกี่ยวข้องห่วงใยต้อง ทำงานชิ้นนี้ คณะกรรมการจะต้องมองเห็นแนวทางที่เหมาะสม ในการตกแต่งผิวหน้าอาคารบนถนนสายต่างๆ

We are lacking control

Cities in the world build controls to keep their places safe, respectable and clean.

Like many cities in the world, Boston, Massachusetts, USA has a review panel to review building facades on major city streets.

Banglumpoo has respectable streets. BMA, community leaders, and concerned citizens need to take actions. They must look into the inappropriate treatment of building facades.

Мы испытываем недостаток в контроле

Когда Tuk Tuk, моторизованная рикша поднята, чтобы украсить здание façade, BMA, лидеров сообщества, и заинтересованные граждане так же как Министерство Культуры (Office Национальной Культурной Комиссии, Office Современника Арта и Культуры) должны выразить их возражения.

เมื่อตุ๊ก-ตุ๊ก รถสามล้อเครื่องขึ้นไปอยู่เป็นเครื่องประดับผิวหน้าตึก กทม ผู้แทนบางลำพูและประชาชนที่เกี่ยวข้องห่วงใย รวมทั้งกระทรวงวัฒนธรรม (กรมส่งเสริมวัฒนธรรม สำนักงานศิลปวัฒนธรรมร่วมสมัย) ต้องแสดงการประท้วง

สิ่งแรกคือการหาหลักฐานใบอนุญาต สิ่งที่ตามต่อมาคือตรวจว่าการ อนุญาตถูกต้องตามกฎหมายหรือไม่ ถ้าถูกต้อง กฎหมายต้องเปลี่ยน

อย่างไรก็ตาม รถตุ๊ก-ตุ๊ก ไม่ถือว่าเป็นลักษณะของสถาปัตยกรรมไทยหรือลักษณะของผิวหน้าตึกในถนนบางลำพู ผู้แทนบางลำพูและกระทรวงวัฒนธรรมควรเห็นพ้องที่จะขจัดตุ๊ก-ตุ๊กคันนี้ ทุกฝ่ายควรจะได้พบปะกับเจ้าของธุรกิจเพื่อให้ได้ผลอย่างสันติ

Когда Tuk Tuk, моторизованная рикша поднята, чтобы украсить здание façade, BMA, лидеров сообщества, и заинтересованные граждане так же как Министерство Культуры (Office Национальной Культурной Комиссии, Office Современника Арта и Культуры) должны выразить их возражения.

When a Tuk Tuk, a motorized rickshaw is hoisted to adorn a building façade, BMA, community leaders, and concerned citizens as well as The Ministry of Culture (The Office of the National Culture Commission, The Office of the Contemporary Art and Culture) need to express their objections.

First investigate the permit record; second, if this was properly permitted, the regulation needs to change.

Regardless, Tuk Tuk shall not be considered Thai architectural character, or the face of buildings in Banglumpoo. The community leaders and the Ministry of Culture should agree to have it removed. They should work with the business owner to achieve a peaceful and positive outcome.

Контроль больше чем только, чтобы сделать здания красивыми

กฎเกณฑ์มีไว้มากกว่าที่จะทำให้ตึกสวยงามเท่านั้น

นิวยอร์คและชิคาโกปรับปรุงกฎหมายการใช้สอยที่ดินและกฎข้อบังคับการก่อสร้างหลังจากไฟไหม้ครั้งใหญ่เป็นการควบคุมคุณภาพชีวิตและความปลอดภัยของเมือง อาคารใหม่ถูกควบคุม ด้วยกฎหมายการใช้สอยที่ดิน ความกว้างของถนน วัสดุก่อสร้าง และการปรับปรุงการป้องกันไฟ

ประวัติเพลิงไหม้ครั้งสำคัญในสหรัฐอเมริกา

๕๐ ปีหลังจากสถาปนากรุงเทพฯ วันที่ **๑๖-๑๗** ธันวาคม พ.ศ. **๒๓๗๘** ไฟไหม้ใหญ่นิวยอร์คเป็นการทำลายครั้งสำคัญที่เผาตลาดหุ้นและอาคารอื่นๆในเขตวอลสตรีทบนปลายเกาะแมนฮัตตั้นด้านตะวันออกเฉียงใต้

๓๖ ปีต่อมา (เมื่อกรุงเทพฯ อายุ **๘๖** ปี) ไฟไหม้ใหญ่ในชิคาโก รัฐอิลลินอย ไฟไหม้ตั้งแต่วันอาทิตย์ที่ **๘** ตุลาคมจนถึงตอนเช้าของวันอังคารที่ **๑๐** ตุลาคม พ.ศ. **๒๔๑๔** ผู้เสียชีวิตเป็นร้อยไฟทำลายเมืองประมาณ **๘.๕๔๗** ตารางกิโลเมตร เป็นภัยพิบัติที่ใหญ่ที่สุดในสหรัฐอเมริกาในศตวรรษที่ **๑๙**

๑ ปีต่อมา (เมื่อกรุงเทพฯ อายุ **๘๗** ปี) ในปี พ.ศ. **๒๔๑๕** ไฟไหม้บอสตั้นครั้งใหญ่ ทำลาย **๗๗๖** อาคาร ผู้เสียชีวิตอย่างน้อย **๒๐**

บางลำพูประสบไฟไหม้ครั้งใหญ่ของตนเอง ในต้นสมัยรัชกาลที่ **๕**

วันที่ **๒๒** มีนาคม พ.ศ. **๒๔๑๒** (เมื่อกรุงเทพฯ อายุ **๘๔** ปี) บางลำพูประสบไฟไหม้ครั้งใหญ่ เรียนจากประสบการณ์ วัสดุและการก่อสร้างได้รับการปรับปรุงหลังจากนั้น

Контроль больше чем только, чтобы сделать здания красивыми

Control is more than just to make buildings look pretty

New York City and Chicago upgraded their zoning by laws and building codes for their controls after major fires. New generation buildings are controlled by zoning, street widths, construction materials, and fire protection grades.

The US major fire history:

50 years after Bangkok was established, on December 16-17, 1835 the Great New York Fire was a major conflagration that destroyed the New York Stock Exchange and most of the buildings on the southeast tip of Manhattan around Wall Street.

36 years later (when Bangkok was 86 years old), a bigger fire occured in Chicago, Illinois. It burned from Sunday, October 8, to early Tuesday, October 10, 1871, killing hundreds and destroying about 3.3 square miles (8.547 square kilometers); it was one of the largest U.S. disasters of the 19th century.

A year later (when Bangkok was 87 years old), in 1872—Great Boston Fire of 1872, destroyed 776 buildings and killed at least 20 people.

Banglumpoo had its major fire in early King Rama V:

On March 22, 1869 (when Bangkok was 84 years old), Banglumpoo experienced a big fire of its own. The knowledge gained from this incident caused certain construction materials and techniques to improve afterwards.

นี่เป็นการเก็บรักษาหรือโยนประวัติศาสตร์ทิ้ง?
ไม่มีใครมองเห็นว่าสถานที่นี้คืออะไร

ไม่ใช่แต่อาคารเท่านั้นที่ถูกปกคลุม ถนนทั้งสายถูกคลุม เมื่อร้านค้าแข่งขันในการขาย ร้านเหล่านี้ใช้ป้ายโฆษณาแย่งที่ในห้องถนน ภาษาต่างประเทศเป็นภาษากลาง ภาษาไทยไม่ใช่ภาษากลาง ภาพทั้งถนนเหมือนสิ่งของอยู่ผิดที่ และดูเก่าชำรุด ร้านค้าใช้ป้ายโฆษณากันอย่างหนักเพื่อแย่งชิงตำแหน่งที่ตั้งป้ายโฆษณาที่ลูกค้าจะมองเห็น

เมื่ออยู่ในบ้านเรามาเป็นเวลาหลายปีเราจะมองข้ามระเบียบการจัดของ หนังสือพิมพ์เก่าๆวางเป็นตั้งอยู่ในห้องรับแขก รองเท้าและรองเท้าผ้าใบกองรวมกันอยู่ที่ประตูทางเข้า หนังสือในห้องน้ำ ตู้เก็บของเต็มไปด้วยขยะ ในครัวเต็มไปด้วยถ้วยชามที่ยังไม่ได้ล้าง ถังขยะยังไม่ได้เทหิ้ง หม้อและกะทะยังอยู่บนเตา บางชิ้นยังมีอาหารอยู่ พัดลมดูดอากาศและน้ำยังเปิดอยู่

คำถามก็คือ: บ้านจะจัดให้มีระเบียบได้ไหม? ได้ บางลำพูจะจัดให้มีระเบียบได้ไหม? ได้ เป็นเสียงเดียวกันมากมายหลายเสียง

รูปโฉมอาคารควรที่จะให้คนได้เห็นหรือไม่? ใช่ ควรจะได้เห็น ป้ายโฆษณาขนาดเล็กนำธุรกิจมาหรือไม่? ใช่ นำธุรกิจมา ภาษาไทยช่วยหรือไม่ช่วยธุรกิจ? ช่วย สถานที่นี้คือเมืองไทยหรือไม่ใช่?ไม่ใช่ หรือฮ่องกง ฟิลลิปินส์ อินโดนีเซีย เป็นที่น่าเสียดาย

เรากำลังทำกำไรระยะสั้นเพื่อแลกกับผลเสียหายระยะยาว เราไม่เคยถูกปกครองโดยอำนาจตะวันตก แต่หลักฐานที่มองเห็นนั้นขัดแย้งมากมาย บางลำพูต้องจัดระเบียบเพื่อกำไรระยะยาว

Is this historically preserved or thrown away?

Nobody can see what this place is.

Not just buildings are covered, but also the entire street itself is covered. When the vendors fight for dollars, they use (or abuse) signs to fight for visibilities. Foreign languages become the mainstream, not Thai. The whole street looks displaced and worn out. Businesses heavily use signs to fight for visibilities.

Living in a house for so many years we could lose sight of organization. Old newspapers pile up in the living room, shoes and sneakers jam the entrance door, books clutter the bathrooms, closets are filled with trash, the kitchen has dirty dishes piling up in the sink; the garbage needs to be disposed of; pots and pans, some with food in them, are sitting on the cook tops; exhaust fans and water are running.

The question becomes: Can the house be re-organized? Yes. Can Banglumpoo be re-organized? Overwhelmingly yes.

Do the buildings deserved to be seen? Yes. Can small signs bring business? Yes. Do Thai language signs help or hurt? Help. Is this place in Thailand? No! Or in Hong Kong, the Philippines, Indonesia? It can be anywhere, not necessarily Thailand, unfortunately!

We are trading short term gains for long term loss. We've never been conquered by the western power; but the evidence seen contradicts that overwhelmingly. Banglumpoo needs an organization for long term gains!

ถนนทุกสายจะต้องให้รถดับเพลิงผ่านได้ การซ้อมไฟไหม้จะต้อง
ทำทุก สามเดือน เส้นลวดเส้นเชือกทั้งหลายที่ขึงข้ามถนนจะต้องถูกสั่ง
ห้าม และถือว่าผิดกฎหมาย

Все улицы должны быть
проходимыми
пожарными машинами.
Пожарные учения должны
Быть сделаны каждые
три месяца. Кабели,
струнные, провода или
веревки, установленные
выше улиц должны быть удалены
или объявлены незаконным.

All stree**t**s must be passable by fire engines. Fire drills **m**ust be done every three months. Cables, strings, wires or ropes installed above the streets must be banded or ille**g**alized.

Все улицы должны быть проходимыми пожарными машинами. Пожарные учения должны Быть сделаны каждые три месяца. Кабели, струнные, провода или веревки, установленные выше улиц должны быть удалены или объявлены незаконным.

В США, куда очень много культур прибывают, чтобы сосуществовать в одной нации, возможно заметить разницу в деталях от одной этнической группы к другому.

ในสหรัฐอเมริกาซึ่งหลายวัฒณธรรมอยู่รวมในประเทศเดียวกัน เราจะมองเห็นความแตกต่างในรายละเอียดจากกลุ่มหนึ่งไปอีกกลุ่มหนึ่ง

ยกตัวอย่าง วัดไทยพอใจที่จะใช้ป้ายโฆษณาขนาดใหญ่เมื่อเทียบกับโบสถ์เกาหลี กลุ่มไทยมีแนวโน้มที่จะใช้ตัวหนังสือหลายสีเพื่อประดับเวทีหรือแสดงให้ผู้ชมเห็น (บรรทัดแรกหรือแถวแรกสีแดง แถวที่สองสีน้ำเงิน แถวที่สามอาจเป็นสีขาว ฯลฯ)

จะเป็นเพราะว่าคนไทยมีความรู้สึกว่าเราโฆษณาไม่พอ หรือไม่มีใครรู้จักกลุ่มเรา จุดนี้ยังไม่มีการศึกษา

สิ่งที่มองเห็นในบางลำพูมีลักษณะเช่นเดียวกัน ร้านค้าแสดงออกถึงความต้องการที่จะให้ลูกค้าเห็น ได้ยิน ต้องการที่จะควบคุมตลาด สำเร็จหรือไม่ๆมีใครบอกได้ แต่สิ่งที่เราบอกได้คือสถานที่แออัด เต็มไปด้วยป้ายโฆษณาขนาดใหญ่ที่ไม่มีการวางแผนร่วมกัน

ป้ายโฆษณาในบางลำพูจะต้องมีความคิดแนวใหม่ แบบแนวใหม่ การประดิษฐ์แนวใหม่

จิตวิทยาป้ายโฆษณา: เจ้าของกิจการหรือผู้ทำป้ายจะนึกถึงความบกพร่อง ขนาด มุมมอง แบบและสีสันของป้ายโฆษณา อะไรที่ผิดพลาดจะถูกเก็บอยู่ในใจ ลักษณะนี้คล้ายคลึงกับผู้ทาสีผนัง แต้มสีรถยนต์ ซักล้างคราบกาแฟจากผ้าปูโต๊ะ ถ้ามีจุดที่ทำได้ไม่เรียบร้อย หลับตาเขาก็จะเห็นจุดที่ไม่สมบูรณ์เหล่านี้

คนอื่นจะไม่เห็น ทั้งๆที่เป็นที่เข้าใจกันว่าไม่มีอะไรที่สมบูรณ์แบบ (รวมทั้งป้ายโฆษณา) ไม่มีใครเห็นข้อบกพร่องเหล่านั้นที่ป้ายโฆษณา สีผนัง สีรถยนต์ หรือผ้าปูโต๊ะ ยกเว้นผู้ทำป้าย ทาสี แต้มสี และซักผ้าปูโต๊ะ **ลูกค้ารู้ดี** พวกเขาไม่มองหาป้ายโฆษณาที่ใหญ่ที่สุด ดีที่สุด หรือป้ายโฆษณาแรกที่มองเห็น ธุรกิจต้องการอะไรมากกว่าป้ายโฆษณาที่จะได้ลูกค้า นอกจากนั้น ลูกค้าเดินบนถนน อาจไม่สนใจป้ายโฆษณาเลย ลูกค้าเห็นร้านหรือรถเข็นก่อนป้ายโฆษณา **นี่เป็นการชี้ให้เห็นว่าป้ายโฆษณามีประโยชน์น้อยกว่าที่ควร** การทุ่มลงทุนในป้ายโฆษณาธุรกิจอาจเป็นการลงทุนที่ผิด

В США, куда очень много культур прибывают, чтобы сосуществовать в одной нации, возможно заметить разницу в деталях от одной этнической группы к другому.

In the USA where so many cultures come to co-exist in one nation, it is possible to notice the difference in details from one ethnic group to another.

For instance, Thai temples seem to prefer signs in large sizes compared to Korean churches. Thai organizations have a tendency to use multi-color lettering to decorate stages or addressing the crowds (first line red, second line blue, third line may be white, etc.).

Whether or not we (the Thai) are afraid of under advertised or afraid of not being heard is not studied.

What is seen at Banglumpoo is similar. The vendors express the desires to be seen, to be heard, to control the market shares. Successful or not nobody can tell. But what we all can tell is that the place is crowded with obvious uncoordinated large size signs.

Banglumpoo commercial signage is subject to re-thinking, re-design, re-invention.

Some psychology of sign making: Business owners or sign makers always have a hang up of the sign flaws, the sizes, the visibilities, the designs, and the colors of the signs. Anything that's less than perfect stays in their minds. This is the same as those who painted walls, touched-up family cars, remove coffee stains from tablecloths, and left spots of "imperfection". Closing their eyes they see the "imperfection".

Nobody else sees those spots. Even though it is understood that nothing is perfect (including signs), nobody sees the flaws on those signs, the walls, the cars, or the tablecloths, except those who made them. Customers know better. They don't go for the largest, the best or the first sign they see. It takes more than the signs to make them buy. Also since the customers are already on foot, chances are they ignore the signs. The customers see stores or push carts before seeing any signs. Signs could prove to be not as useful as they should be. Heavily investing in business signs could be the wrong investment.

เมื่อเจ้าของธุรกิจหลุดพ้นจากสภาพเครียดไม่ได้หลับไม่ได้นอน เขาจะกังวลน้อยลงในเรื่องป้ายโฆษณา และหันมาเน้นในกลยุทธ์การตลาด และคุณภาพของสินค้าหรือบริการ ป้ายโฆษณาที่แออัดบนถนนบางลำพูจะลดน้อยลง และจะลดน้อยลงตลอดไป

ผู้ที่ยังคงเชื่อในป้ายโฆษณายังสามารถทำงานร่วมกันในการจัดระเบียบ เพื่อลดจำนวนหรือบรรเทาสถานการณ์ที่แออัด (๑) ทำความเข้าใจป้ายและสถานการณ์ที่มีอยู่ ทำความเข้าใจในปัญหา (๒) ค้นหาคำตอบ (๓) ทำงานเพื่อคุ้มกันป้ายใหม่ และ (๔) ใช้จิตวิทยาป้ายโฆษณา

กรุงเทพฯเป็นเมืองระดับโลกที่คนรู้จัก จะเป็นการลงทุนที่คุ้มค่าเมื่อเราจัดป้ายโฆษณาได้เรียบร้อย แน่นอนเราสามารถเป็นตัวของเราเอง เราไม่จำเป็นต้องเป็นฮ่องกง มะนิลา หรือจาการ์ตา

แต่งตัวบางลำพูให้สวยด้วยป้ายโฆษณาน้อยลงคือทิศทางที่เราจะไป

When more business owners take themselves out of this sleepless position, they worry less about the signs and focus more on marketing strategies and the quality of the merchandises or services. Crowded signs on Banglumpoo streets will diminish and potentially diminish for good.

Those who still believe in signs can work together organizing to bring down or to mitigate the crowded situation: (1) evaluate existing conditions, identify the problem, (2) find solutions, (3) work out controls of new signs and (4) use psychology of sign making.

Bangkok is a world class and wellknown city; it'll pay off when we manage these sign issues well. We certainly can have our own identity; we don't have to be Hong Kong, Manila or Jakarta.

Dress up Banglumpoo with fewer signs. It's the way to go.

บทที่ ๗

สายไฟฟ้าที่รก
รุงรังเหนือหัว

Мы живем со старой, плохой организацией, телеграфирующей выше нас.

เราอาศัยอยู่ภายใต้สายไฟที่อีนุงตุงนัง หม้อแปลงไฟและนั่งร้านที่ระเกะระกะ เราเก็บรักษาขยะ ผลิตภัณฑ์ ที่รกรุงรัง ล้าสมัยของประเทศตะวันตก

Chapter 7

Snarled Overhead Electrical Wiring

Мы живем со старой, плохой организацией, телеграфирующей выше нас.

We live with snarled overhead wiring, transformers, and their structures. We are a garbage collector of this obsolete and outdated Western invention.

เราเก็บ-เรารักษาขยะ
เราทิ้งประวัติสาสตร์นานมาแล้ว

เราไม่ได้รักษาลักษณะดั้งเดิม ชีวิตความปลอดภัยของถนน เราไม่รู้ว่าประวัติศาสตร์คืออะไรอยู่ที่ไหน ทำไมจึงเกี่ยวกับชีวิตความปลอดภัย

เราถมคลองเพราะเราสนใจเรื่องเดียวคือรถยนต์ เรารื้อรถรางทิ้งเพราะเราไม่เห็นความสำคัญของประวัติสาตร์ เราพยายามแก้ปัญหาที่แก้ไม่ได้ ปัญหาการจราจร แก้ที่นี่ไม่ได้

เราเก็บรักษาของที่คนอื่นโยนทิ้ง เราเก็บเรารักษาขยะ และเราเก็บรักษาขยะมากขึ้นต่อไป เพราะอะไร?

เราอาศัยอยู่ภายใต้สายไฟที่อีนุงตุงนัง หม้อแปลงไฟและนั่งร้านที่ระเกะระกะ เราเก็บรักษาขยะผลิต ภัณฑ์ที่รกรุงรังล้าสมัยของประเทศตะวันตก

ธุรกิจและผู้อยู่อาศัยต้องจ่ายค่าประกัน ภัยไฟสูงกว่าปกติ เพราะความรุงรังที่น่ากลัวนี้

Мы избавлялись от истории давным-давно.

Мы избавлялись от истории давным-давно.

We collect – we preserve garbage. We disposed of history a long time ago.

Мы избавлялись от истории давным-давно.

Мы избавлялись от истории давным-давно.

We do not preserve the historic character of our streets; we do not preserve human safety. We are unaware of our history and human safety needs.

We fill up canals because we only know the ways of Toyota and Honda.

We eliminate street cars (trams) for we appreciate no history. We tried to solve the unsolvable, the traffic jams. No, not here.

We save items that others would have thrown away. We collect and preserve garbage and continue to build up more garbage to preserve. Why?

We live with snarled overhead wiring, transformers, and their structures. We are a garbage collector of the obsolete and outdated Western products.

Business and residents are paying extra insurance premiums against fire hazards for sure.

Выше уличной проводки - нормальное звено для электрических поставщиков конечным пользователям.

สายไฟฟ้าเหนือถนนเป็นส่วนประกอบที่ใช้มากที่สุดในการเชื่อมต่อผู้ผลิตพลังงานไปยังผู้ใช้ ข้อยกเว้นเกิดขึ้นเมื่อสายไฟเหล่านีสร้างความเสี่ยงให้ชีวิตผู้คน ตลอดจนความไม่เรียบร้อยที่มองเห็น ในสถานการณ์นั้นจะมีวิธีเดินสายไฟอีกอย่างหนึ่งทำให้หายไปโดยฝังไว้ใต้ดิน แน่นอนมันเป็นวิธีที่แพงขึ้น ค่าใช้จ่ายที่เพิ่มมาเหมือนเป็นการซื้อประกันภัยให้สถานที่เหล่านั้นได้ของที่ต้องการ แก้ปัญหาชีวิตความปลอดภัยและความเรียบร้อยสวยงาม

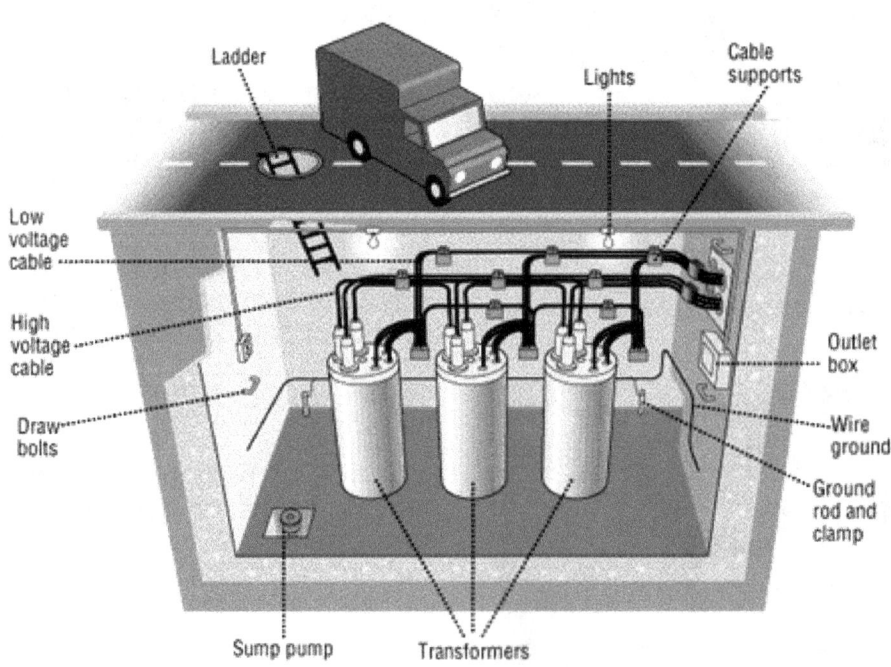

Выше уличной проводки - нормальное звено для электрических поставщиков конечным пользователям.

Overhead electric wiring is the most common component connecting power suppliers to end users. Exceptions occur when such wiring risks human lives as well as when its visual impact becomes unacceptable. Such situations call for an alternate wiring. The wire is made to disappear by way of underground connections. Obviously, it is more costly. Additional expenses work like an insurance premium securing those locations for what they need, addressing human safety and aesthetic concerns.

ในบางลำพูสายไฟฟ้าเหนือหัวเป็นสิ่งที่เห็นอยู่ทั่วไป กาลเวลาที่ผ่านไปนำความต้องการพลังงานเพิ่มมากขึ้น สายไฟฟ้าเหนือหัว และอุปกรณ์อื่นๆดูเหมือนเมฆดำมืดบนพื้นที่ของเมืองที่แออัดอยู่แล้ว สิ่งเหล่านี้รกรุงรัง และท้าทายทั้งการซ่อมแซมและตรวจตรา ตากแดดตากฝนและเก่าแก่ขึ้นทุกวัน เป็นสิ่งที่ไม่ปลอดภัยสำหรับท้องถิ่นในหลายๆแง่ด้วยกัน:

(๑) ฉนวนสายไฟล้มเหลวทำให้เกิดวงจรลัดและอัคคีภัย (๒) อุปกรณ์อื่นๆเก่าแก่ทำให้เกิดอัคคีภัย (๓) บันไดต่อสู้ไฟอาจสัมผัสฉนวนล้มเหลวและสายไฟเปลือยทำให้เกิดไฟเพิ่ม (๔) นำไปสู่การเสียชีวิต บาดเจ็บ และความเสียหายของทรัพย์สิน

In Banglumpoo, overhead wiring has been a way of life. Over the years the energy need has increased; the overhead wiring as well as other accessories becomes more of a dark cloud above its already crowded urban spaces. They are snarled and represent a challenge for repair and inspection. All are exposed to strong sun, rain storms, and the aging process. They are unsafe for the district in many ways: (1) Failed insulation causes short circuits and fire. (2) Other aged accessories cause fire. (3) Fire fighting ladders may touch failed insulation and naked wires and cause more fire. (4) They will lead to fatalities, bodily injuries, and property damage.

В Banglumpoo, верхняя проводка была образом жизни.

เป็นการยากที่จะโต้เถียงว่าสายไฟฟ้าเหนือหัวนี้เป็นสิ่งที่ไปกันได้กับบ้านเมืองสมัยนี้ สายไฟเหล่านี้ดูมีปัญหาทั้งชีวิตความปลอดภัยและความเรียบร้อยสวยงาม ตึกรามและต้นไม้ถูกก้อนสายไฟและหม้อแปลงทำเสียโฉมและน่ากลัว เป็นไปได้ว่าธุรกิจและบ้านเรือนจ่ายค่าประกันภัยด้วยราคาแพงกว่าปกติเพราะความเสี่ยงรอบๆตัว เป็นการยากที่จะโต้เถียงว่าไม่จำเป็นจะต้องทำอะไรใหม่ในเมื่อส่วนอื่นของเกาะรัตนโกสินทร์ได้รับการดูแลอย่างดี สายไฟถูกนำลงใต้ดิน ยกตัวอย่างที่ถนนราชดำเนินกลาง เป็นกรณีที่ทำเพื่อความเรียบร้อยสวยงาม ไม่เกี่ยวกับชีวิตความปลอดภัย (ซึ่งไม่เคยเป็นปัญหา) สายไฟหายไป

Не приемлемо, что эти накладные расходы соответствуют сегодняшнему городскому развитию.

It is harder to argue that these overheads are in tune with today's urban development. They appear highly questionable regarding both human safety and aesthetic consideration. Buildings and landscapes are marred by clusters of wires and transformers. It is possible that businesses and residents are paying extra insurance premiums due to this unsafe environment. It is harder to argue for not doing anything while other places on the same Rattana Kosin Island get wonderful treatment; the wiring is put underground in some locations. Take Rajadamnern Klang Avenue for instance. Clearly it is for the aesthetic; not for human safety (which is not a problem at this location). But the wires disappear.

Не приемлемо, что эти накладные расходы соответствуют сегодняшнему городскому развитию.

Огонь, более вероятно, произойдет в Banglumpoo чем в Авеню Кланга Rajadamnern.

ความเรียบร้อยสวยงามเป็นความคิดเห็นที่วัดไม่ได้ ที่ยากที่สุดคือการเปรียบเทียบถนนสายสำคัญกับแหล่งค้าขายแห่งหนึ่ง แต่ไม่พูดถึงสิ่งนี้ รัฐบาลจะต้องหันกลับมาดูชีวิตความปลอดภัยและความเรียบร้อยสวยงามอีกครั้ง รัฐบาลจะต้องให้ความสำคัญแก่ชีวิตความปลอดภัยสูงกว่าความเรียบร้อยสวยงาม ถ้ารัฐบาลปล่อยสายไฟที่บางลำพูไว้อย่างเดิม รัฐบาลพลาดในการแก้ไขปัญหาชีวิตความปลอดภัยในสถานที่ค้าขายที่เกี่ยวข้องกับหลายชีวิต ความผิดพลาดชิ้นนี้อาจกลับมาหลอกหลอนเราทั้งรัฐบาลและประชาชน

นึกถึงภาพนี้: สมมุติว่าทั้งถนนราชดำเนินกลางและบางลำพูถูกไฟไหม้ หนึ่ง: ถนนราชดำเนินกลางจะถูกไฟไหม้ยากมาก และถ้าหากมีไฟไหม้ ตำรวจดับเพลิงจะเข้าถึงที่โดยสะดวก สอง: ไม่มีใครเสี่ยงชีวิตเพราะ ไม่มีใครอาศัยอยู่ที่นี่ ถนนราชดำเนินกลางไม่ใช่บ้านของใคร สาม: ทรัพย์สินจะเสียหายน้อยมาก

ไฟมีโอกาสจะไหม้บางลำพูมากกว่าถนนราชดำเนินกลาง แต่ถ้าไฟไหม้บางลำพู การเข้าถึงของตำรวจดับเพลิงเป็นที่น่าสงสัย ทั้งนี้เป็นเพราะเป็นย่านที่มีผู้คนใช้มาก ถนนคับแคบและยุ่งตลอดเวลา ตำรวจดับเพลิงมีอุปสรรคทั้งทางนอนและทางตั้ง สอง: ตำรวจดับเพลิงเสี่ยงชีวิต บาดเจ็บ เมื่อบันไดแกว่งไปโดนสายไฟเหนือถนน ที่น่ากลัวที่สุดคือชีวิตของผู้อยู่อาศัยและทำธุรกิจในบางลำพู มีห้องแสดงสินค้า สำนักงาน ห้องนั่งเล่น ห้องครัว ห้องนอน ห้องน้ำ และห้องเก็บของเป็นจำนวนมากที่อยู่ติดๆกับไฟที่จะเกิดจากสายไฟฟ้าเหล่านี้   สาม: ทรัพย์สินจะเสียหายมาก

เปรียบเทียบบางลำพูกับสถานที่ๆได้รับการดูแลเป็นพิเศษ ไม่ยากที่จะเห็นว่าเราไม่ได้ให้ความสำคัญอะไรก่อนอะไรหลังที่ถูกต้อง **จะพูดให้ชัดเจนคือเราใช้เงินทำของสวยงาม โดยเสียสละชีวิตความปลอดภัยของเพื่อนบ้านใกล้ๆนั้น** คำถามที่เราควรถามคือ "เมื่อไรชีวิตความปลอดภัยในบางลำพูจะได้รับการดูแลที่ถูกต้อง?" "จะมีหรือไม่?"

Огонь, более вероятно, произойдет в Banglumpoo чем в Авеню Кланга Rajadamnern.

Aesthetic value could be very subjective. The worst is when we try to compare an important avenue to a market place. But despite this alone the government still needs to review the human safety and aesthetic issues. It must rank human safety well above aesthetics. If the government continues to leave the overheads in Banglumpoo the way it is, it fails to address human safety in this heavily used populous commercial district. This can come back to haunt all of us, the Government and the people.

Imagine this: Assume both Rajadamnern Klang Avenue and Banglumpoo are on fire. First: Rajadamnern Klang Avenue will be hardly on fire. And if it is, accessibility by the fire department will be understandably very adequate. Second: Lives will not be at risk because nobody lives there. Rajadamnern Klang Avenue is home to no one. Third: Property damage could be very minimal.

Fire is more likely to take place in Banglumpoo than in Rajadamnern Klang Avenue. But if Banglumpoo is on fire, accessibility by the fire department is highly questionable. This is clearly because the district is heavily used; the streetscape is tight and busy most of the time. The fire department faces obstacles both horizontally and vertically. Secondly, firemen risk lives and injuries when ladders fight the snarled electric cables above the streets. The worst scenario faces those who live and do business in Banglumpoo; many showrooms, offices, living rooms, kitchens, bedrooms, bathrooms, and storage facilities are next to these electric fire hazards. Thirdly, the property damage will be very high.

Comparing Banglumpoo to places that received special treatment, it's not hard to see that we have our priorities all wrong. To be specific, we paid for the esthetic at the cost of human safety next door. Important questions should be asked such as "When would human safety be properly addressed in Banglumpoo?" "Will it ever be?"

เกาะมาร์โกเป็นทั้งเมืองทั้งเกาะอยู่ทางทิศตะวันตกเฉียงใต้ของรัฐฟลอริดา สหรัฐอเมริกา เกาะนี้มีขนาดประมาณ ๘ เท่าของเกาะรัตนโกสินทร์ เกาะมาร์โกมีหาดทรายสาธารณะสีขาวที่สวยที่สุดแห่งหนึ่งของโลก ในปี พ.ศ. ๒๕๕๐ เกาะมาร์โกตัดสินใจรื้อสายไฟเหนือหัวบนถนนสายสำคัญก่อนที่สายไฟเหล่านี้จะเป็นปัญหาบ้านเมือง เกาะนี้มีความคล้ายคลึงและความแตกต่างกับกรุงเทพฯ

ความแตกต่าง: เกาะมาร์โก**ไม่ได้เป็นเมืองหลวงของประเทศอะไรทั้งนั้น** ความคล้ายคลึง: **เป็นเมืองในเขตร้อน เป็นที่รู้จักของนักท่องเที่ยว**ทั่ว**โลก เป็นแผ่นดินต่ำแบน มีน้ำใต้ดินสูง มีคลองจำนวนมาก ผู้อยู่อาศัยสามารถใช้เรือจ่ายกับข้าวได้** จุดนี้แตกต่างกับ**กรุงเทพฯ**มาก ถ้าไม่จนจะไม่ใช้เรือ

Марко Исланд имеет один из всемирных лучших общественных белых берегов песка. В 2007, город решил удалить верхнюю электрическую проводку из ее главной артерии прежде, чем это стало проблемой.

เกาะมาร์โกมีหาดทรายสีขาวที่สวยที่สุดแห่งหนึ่งของโลก

Marco Island is an island and a city of South West Florida; it is about 9 times the size of Rattana Kosin Island. Marco Island has one of the world's best public white sand beaches. In 2007, the city decided to remove the overhead electrical wiring from its main artery before it became a problem. Marco Island is similar and dissimilar to Bangkok.

Dissimilarity: It is not a capital of any country. Similarity: It is in a tropical region; it is known to vacationers around the world; it is a laying low flat land; it is a highwater table land; it has numerous waterways. The people can go to supermarkets in boats. This happens to be a sharp contrast to Bangkok; it is unthinkable to use canals or boats unless one is very poor.

Marco Island, Florida

บ้านเมืองบางแห่งโชคดีกว่าอีกหลายแห่งในเรื่องสำคัญ ความสามารถของผู้นำ โฮลิโยค (Holyoke) เป็นเมืองเล็กๆทางตะวันตกของรัฐแมสซาชูเสตส์ สหรัฐอเมริกา ที่กำลังเสื่อมก่อนหน้าที่ อาเลกส์ โมร์ส (Alex Morse) เข้าทำงาน (www.morseformayor.com/about.html)

ท่านผู้นี้ได้ชื่อว่าเป็นนายกเทศมนตรีที่อายุน้อยที่สุดคนหนึ่งในอเมริกา เขาชนะการเลือกตั้งเมื่ออายุ **๒๒** ก่อนที่จะเรียนจบปริญญาตรีแผนกการศึกษาบ้านเมืองจากมหาวิทยาลัยบราวน์เมื่อปี พ.ศ. **๒๕๕๔** บางลำพูต้องการผู้นำที่มองเห็นอนาคต ต้องการผู้นำที่เกิดเติบโตมาและเข้าใจค่าของบางลำพู

Алекс Морс - один из самых молодых мэров в Америке

อาเลกส์ โมร์ส เกิดที่โฮลิโยค และเป็นคนแรกในครอบครัวทีเข้าเรียนระดับอุดมศึกษา เยาวชนในอเมริกาส่วนมากเมื่อออกจากบ้านไปเรียนหนังสือจะไม่กลับมาทำมาหากินที่บ้านเกิดเมืองนอน แต่อาเลกส์ โมร์สกลับบ้านเกือบทุกอาทิตย์ จากโพรวิเดนส์ (Providence) มาโฮลิโยค เลือดของเขา สมองของเขา หัวใจของเขาถูกปั้นในโฮลิโยคเพื่อโฮลิโยค บางลำพูรอคอยผู้นำชนิดนี้

Some communities are luckier than others in relationship to a factor: Leadership. A small town in western Massachusetts, Holyoke, was in a decline before Alex Morse stepped in (www.morseformayor.com/about.html).

This individual is known to be one of the youngest mayors in America. He was a mayor elected when he was 22 year old, before he graduated from Brown University in urban studies in 2011. Banglumpoo could use a good leader who has a vision. Someone who was born and raised to understand Banglumpoo's values.

Алекс Морс - один из самых молодых мэров в Америке

Alex Morse was born in Holyoke; and he was the first in his family who went to college. Most American children will never return home after leaving home for college. Alex Morse came home almost every weekend from Providence to Holyoke. His blood, his head and his heart are made in Holyoke and are made for Holyoke. Banglumpoo awaits the inkind leader.

บทที่ ๘

ทางเท้า / Тротуары

ภาพของ**รถเข็น**แข่งความเร็วในมาราธอนที่ถ่ายทอดโทรทัศน์จากบอสตัน (Boston) หรือลอนดอน (London) เป็นบทเรียน เป็นแรงใจให้ผู้ดู ที่กรุงเทพฯเห็นว่ารถเข็นเป็นอะไรและไม่เป็นอะไร เช่นเดียวกับรถเข็นเทนนิส รถเข็นรักบี้ หรือรถเข็นบาสเกตบอล เป็นพาหนะแห่งความหวัง เป็นวามหวังว่าวันหนึ่งจะมีผลให้กรุงเทพฯหรือบางลำพูเป็นเมือง เป็นอำเภอ หรือตำบลที่รถเข็นผู้ทุพพลภาพ เดินทางได้สะดวกและปลอดภัย ในอนาคตไม่ไกลนี้

Chapter 8

Тротуары

Sidewalks

Images of the marathon's wheelchair racing televised from Boston or London educate and inspire the viewers in Bangkok for what the wheelchair is and is not. It could be the same way if the wheelchair tennis, the wheelchair rugby, or the wheelchair basketball inspires the viewers in Bangkok. It is a vehicle of hope. It's a hope that one day, sooner than later, Bangkok or Banglumpoo will become a wheelchair accessible city or district as a result.

ความสนใจและสัญชาตญาณมนุษย์:
человечество интересует и инстинкт

ความสนใจและสัญชาตญาณมนุษย์: ประวัติสาสตร์บอกให้เห็นว่า เรามีความเข้าใจและชอบการกีฬาหรือการแข่งขันต่อสู้ ดังจะเห็นได้จากการประกวดสู้รบใน โคโลเซี่ยมโรมัน การแข่งรถม้าในสนามแข่งโรมัน ความสนใจและสัญชาตญาณดำเนินต่อมาไม่สิ้นสุด เรามีความเข้าใจและชอบการกีฬาที่เราเลือก และในสมัยกาลเวลาของเราทุกวันนี้

История показывает, что мы имели отношение с и наслаждались спортивным или физическим соревнованием.

Human interests and instinct:

Human interests and instinct: History shows that we related to and enjoyed sports or physical competition; there were gladiatorial contests in the Roman Colosseum, chariot races in the Roman circuses. The interests and instinct continue; we relate to and enjoy sports of our choice and of our time today.

กีฬาบางชนิดไม่เพียงแต่เป็นสิ่งสนุกสนานเท่านั้น แต่เป็นทั้งบทเรียนเป็นทั้งแรงใจให้เราทั้งโลก สื่อสารสมัยใหม่ช่วยบอกกล่าวเหตุการณ์ข้ามแผ่นดินแผ่นน้ำ และทำให้วัฒน
ธรรมหนึ่งได้เรียนจากหลายๆวัฒนธรรมง่ายขึ้น ไม่เช่นนั้นจะทำให้ต้องใช้เวลาเรียนเป็นทศวรรษหรือศตวรรษเพื่อเรียนบทเรียนเดียวกัน

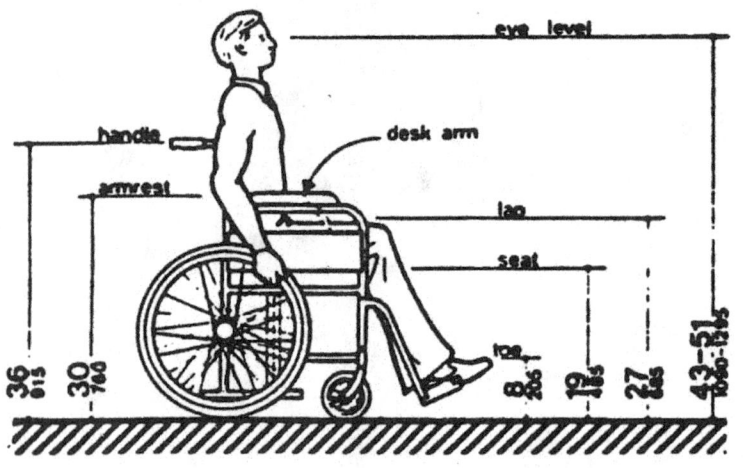

Определенные спортивные состязания не только развлекают но также и обучают и вдохновляют аудиторию и мир.

Certain sports do not only entertain but also educate and inspire the audience and the world. Modern media help spreading the events across lands and oceans; they make it easy for one culture to learn from the others, which otherwise would have taken decades if not centuries for the same results.

Современная помощь СМИ распространяет события поперек стран и океанов, и облегчит для одной культуры поглощать другие, которые иначе взяли бы десятилетия если не столетия для тех же самых результатов.

ภาพของรถเข็นแข่งความเร็วในมาราธอนที่ถ่ายทอดโทรทัศน์จากบอสตัน (Boston)
หรือลอนดอน (London) เป็นบทเรียน เป็นแรงใจให้ผู้ดูที่กรุงเทพฯเห็นว่ารถเข็นเป็นอะไรและ
ไม่เป็นอะไร เช่นเดียวกับรถเข็นเทนนิส รถเข็นรักบี้ หรือรถเข็นบาสเกตบอล เป็นพาหนะแห่ง
ความหวัง เป็นความหวังว่าวันหนึ่งจะมีผลให้กรุงเทพฯหรือบางลำพูเป็นเมือง เป็นอำเภอ หรือตำบลที่
รถเข็นผู้ทุพพลภาพ เดินทางได้สะดวกและปลอดภัย ในอนาคตไม่ไกลนี้

Images of the marathon's wheelchair racing televised from Boston or London educate and inspire the viewers in Bangkok for what the wheelchair is and is not. It could be the same way the wheelchair tennis, the wheelchair rugby, or the wheelchair basketball inspires the viewers in Bangkok. It is a vehicle of hope. It's hopeful that one day, sooner than later, Bangkok or Banglumpoo is a wheelchair accessible city or district as a result.

ภาพและแรงใจ เราเข้าใจผู้ใช้รถเข็น ทางเท้าต้องมีพื้นที่ให้รถเข็นเดินทางได้

Инвалидное кресло 76 сантиметров шириной. Тротуары в Banglumpoo выполняют обязанности и того, чтобы быть проходами и мест для экспозиций. Инвалидное кресло столкнется со многими препятствиями.

รถเข็นกว้าง **๗๖** เซ็นติเมตร ทางเท้าในบางลำพูมีหน้าที่ทั้งเป็นทางเดินและพื้นที่แสดงสินค้า เข็นรถคันนี้บนทางเท้าจะพบจุดที่ติดขัดเป็นจำนวนมาก การวางสินค้าถ้ามีวินัย จัดด้วยแนวใหม่ๆ และช่วยกันคิดจะมีทางเดินได้ทั้งรถเข็นและผู้ซื้อทั่วไป

The images - the inspiration.

Wheelchair travelers are understood. Sidewalks must be passable by wheelchairs.

The wheelchair is 76 centimeter wide. Sidewalks in Banglumpoo perform the duties of both being walkways and display spaces. The wheelchair will run into many obstacles. Displaying merchandise requires disciplines, creativities, and vendor coordination to make Banglumpoo sidewalks passable for the wheelchairs as well as general public.

แต่สิ่งที่แก้ยากคือสิ่งกีดขวางถาวรโดยรัฐบาล เช่นเสาไฟฟ้า *เสา*โทรศัพท์ ตู้โทรศัพท์ และป้อมตำรวจ

Но главные препятствия - правительства: посты энергии, посты телефона, телефонных будок и полицейских станций безопасности.

ทางเท้าเป็นเป้าหมายที่หาง่ายสำหรับที่องกรณ์เหล่านั้นจะบุกรุกหรือขยายกิจกรรม เพราะไม่มีใครคุ้มครองทางเท้า อีกประการหนึ่งสังคมไทยในอดีต ไม่ให้อิสระภาพของผู้ทุพพลภาพ ให้เป็นความรับผิดชอบของครอบครัว ครอบครัวที่มีทุนทรัพย์เพียงพอจะทำให้ผู้พิการไม่มีใครมองเห็น รถเข็นเป็นที่รู้จักในสังคมสมัยหลัง ทางเท้าจึงไม่มีบทบาทที่ต้องรองรับความสะดวกในการเดินทางของรถเข็นมาก่อน

But the major obstacles are the governments': the power posts, telephone posts, telephone booths and police security stations.

Sidewalks were an easy target for abuse or expansion by those authorities. Nobody defends the sidewalk. Additionally, the Thai society didn't recognize the independence of the disabled. Most disabled individuals were taken care by the families. They were mostly invisible especially when the families were resourceful. The sidewalks had never been designed for passability. Wheelchairs were known to the society later. The sidewalks had never been under the pressure for passability before.

ทุกวันนี้อิสระภาพของผู้ทุพพลภาพมีอยู่ในสังคม และถือว่าอิสระภาพเป็นของจำเป็น ผู้เดินทางด้วยรถเข็นเป็นกลุ่มหนึ่งของผู้พิการ สภาพบ้านเมืองที่ล้าหลังจะต้องได้รับการแก้ไขเพื่อทำให้เหมาะสมกับสภาพสังคม

Сегодня независимость людей инвалидов реальна и необходима. Поездка инвалидного кресла - деятельность ежедневного проживания в нетрудоспособном сообществе; устаревшие средства обслуживания должны быть изменены, чтобы отразить эту потребность.

Today the inde**pen**dence of the disabled is real and necessary. Wheelchair riding is an activity of daily living in the disabled community; obsolete urban spaces must be revised to accommodate this reality.

Сегодня независимость людей инвалидов реальна и необходима. Поездка инвалидного кресла - деятельность ежедневного проживания в нетрудоспособном сообществе; устаревшие средства обслуживания должны быть изменены, чтобы отразить эту потребность.

ไม่ใช่แต่ผู้ใช้รถเข็นเท่านั้นที่มีปัญหาเมื่อเดินทางมาถึงจุดนี้ ใครๆก็ใช้ทางเท้านี้ไม่ได้

Мало того, что пользователи инвалидного кресла имели бы проблемы в этом местоположении, но общественности, будет иметь трудное время, пропускающее это местоположение.

เราดูเหมือนแก้ปัญหาชนิดหนึ่งโดยที่ไม่สร้างปัญหาอีกชนิดหนึ่งไม่ได้ เราค้ากำไรช่วงสั้นๆ โดยที่ยอมสละกำไรช่วงยาว ยิ่งนานวันไป วันหนึ่งเราคิดจะแก้ไขจะเป็นทิศทางที่แพงมาก ถ้าเราคิดจะแก้ไข

Not only would wheelchair users have problems at this location, but the general public would have a hard time going through this place.

We seem not be able to solve one problem without creating another. We are trading short term at the cost of longterm gains. The longer we trade this way, the higher the price we'll pay to get the longterm gains, if we've ever wanted to get there.

บทที่ ๙

Система канализации,
Реки, Водные пути
и Наводнение

การระบายของเสีย น้ำเสีย
แม่น้ำ ลำคลอง
น้ำท่วม

ก่อน**การเกิด**อารยธรรม มนุษย์ตั้งรกรากหรือโยกย้ายขึ้นอยู่กับหลายๆอย่าง

สิ่งแรกๆคืออาหาร เราอยู่เพราะเราพบอาหาร เราโยกย้ายเพราะอาหารในท้องที่นั้นหมด ต่อมามีสิ่งอื่นๆที่เราพิจารณา ก่อนที่เราจะรู้ว่าจะกำจัดมันได้อย่างไรเรา ย้าย ที่อยู่เพราะส้วมเต็ม

เมื่อพูดถึงบางลำพูในเรื่องการระบายของเสียน้ำเสียจะต้องรวมไปถึงแม่น้ำลำคลอง รวมไปถึงกรุงเทพฯ สิ่งเหล่านี้ต่อเนื่อง มีผลซึ่งกันและกัน เช่นเดียวกับครอบครัว ที่มีผลกับเด็ก

Прежде, чем люди цивилизации остались или двигались согласно определенным факторам. Рано на этом была пища; мы остались, где мы находим это, переходил, где мы выбежали.

Chapter 9

Sewerage syStem
Rivers, waterways
Flooding

Before civilization humans stayed or moved according to certain factors. Early on it was food; we stayed where we found it, moved on where we ran out. Later on, it was also something else. Before we knew how get rid of it we moved because the toilet was full, too.

In Banglumpoo, it's appropriate to talk about the sewer system together with waterways and together with Bangkok. These are intertwined. One affects the others; just like the family affects a child.

൧൩൭   137

เรามีความฝัน

Мы имеем мечту

We have dreams

Мы имеем много мечтаний в прошлом и настоящем.

แต่เราต้องแก้ปัญหาตรงหน้าเรา

ปัญหารถติด ปัญหาค่าครองชีพ เป็นที่เห็นชัดที่สุดในเมืองทุกเมือง ปัญหาน้ำเน่าและการระบายน้ำเสีย น้ำโสโครกอยู่ตรงหน้าเรา แต่เรามองไม่เห็น หรือไม่ได้มอง

น้ำในคลองไม่ค่อยเคลื่อนไหว ส่วนมากหยุดนิ่งไม่มีอากาศ รวมกับของเสียจากท่อส้วม น้ำคลองในกรุงเทพฯเน่าและเต็มไปด้วยเชื้อโรค ลองคิดซิว่าโรงพยาบาลต่อท่อส้วมลงแม่น้ำลำคลองไม่เพียงแต่ผู้คนที่ต้องใช้น้ำคลองเท่านั้นที่ติดโรค น้ำใต้ดินติดโรค คนทั้งเมืองติดโรค

But we have to solve the problems in front of us.

Traffic problems and cost of living problems are easy to see in all cities. But water pollution and sewer problems are under our noses, are not seen. Or we chOOse not to see them.

Транспортные проблемы и проблемы прожиточного минимума легки видеть во всех городах. Но водное загрязнение и проблемы коллектора находятся под нашими носами, не замечены. Или мы хотим не видеть их.

Water in canals barely moves. It is stagnant, with no dissolved oxygen. That combined with the raw sewerage entrance, the water in Bangkok's canals is highly polluted and full of diseases. Imagine this: Hospitals connect sewer pipes into canals or rivers. Not only do the people who live on the waterways and use the waterways pick up the diseases, but ground water also gets contaminated, causing diseases to infect the entire population.

แต่เราต้องแก้ปัญหาตรงหน้าเรา

Речные берега в столице как Бангкок должны быть чистыми и красивыми, чтобы действительно представить город.

แม่น้ำเจ้าพระยานับว่าโชคดีที่น้ำเคลื่อนไหวแต่แม่น้ำเจ้าพระยามีปัญหาภาพพจน์ที่ไหลผ่านเมืองหลวงซึ่งชื่อไพเราะ **นครแห่งเทพ** โดยที่สองฝั่งแม่น้ำเต็มไปด้วยตึกรามบ้านเรือนในสภาพต่างๆ ที่ไร้ระเบียบนอกเหนือไปจากการทิ้งของ**และเชื้อโรค**ลงในแม่น้ำ ฝั่งน้ำเมืองหลวง**อย่าง**กรุงเทพฯ ควรจะ**สะอาด**สวยงามเป็นสัญญลัก**ษ**ณ์ของเมือง เป็นริมน้ำสาธารณะเป็นของประชาชน**ไม่ใช่แผ่นดินทรัพย์สมบัติส่วนตัวของผู้ใดผู้หนึ่ง**

But we have to solve the problems we face

Но мы должны решить наши проблемы.

The Choapraya River is considered lucky; the water continues to flow. But it has an image problem as it flows into the beautifully named capital, the City of Angel. Both riverbanks are visibly polluted with chaotic build up in different stages in addition to disease-causing waste dumped into the river. Riverbanks in the capital city like Bangkok should be clean and beautiful to truly present the city. They should be public spaces and not private properties.

Интересуются Вы водным загрязнением в Бангкоке? Для вашей безопасности здоровья Вы должны быть.

สนใจน้ำเสีย น้ำเน่าในกรุงเทพฯ?

๑) ระบบกำจัดของเสีย น้ำทิ้ง น้ำเสีย และแม่น้ำลำคลอง?

๒) ระบบกำจัดของเสีย น้ำทิ้ง น้ำเสียทำอะไร?

๓) เชื้อโรคในระบบกำจัดของเสีย น้ำทิ้ง น้ำเสียถูกกำจัดและทำลายอย่างไร?

๔) ของเสีย น้ำทิ้ง น้ำเสียเมื่อผ่านโรงกำจัดน้ำเสียแล้วไปไหน?

๕) อะไรบ้างที่ถูกห้ามไม่ให้ทิ้งลงในระบบ เพราะอะไร?

๖) แม่น้ำลำคลองในกรุงเทพฯสะอาดหรือสกปรก?

๗) สภาพแผ่นดินต่ำน้ำสูงให้คุณหรือโทษอย่างไร?

๘) ทำไมกรุงเทพฯจึงต้องการระบบที่ครบถ้วนมากกว่านี้?

๙) เชื้อโรคอะไรบ้างที่มากับสุขาภิบาลที่ไม่เพียงพอ?

๑) ระบบกำจัดของเสีย น้ำทิ้ง น้ำเสีย และแม่น้ำลำคลอง?

เมื่อพูดถึงบางลำพูในเรื่องการระบายของเสียน้ำเสียจะต้องรวมไปถึงแม่น้ำลำคลอง รวมไปถึงกรุงเทพฯ สิ่งเหล่านี้ต่อเนื่อง มีผลซึ่งกันและกัน เช่นเดียวกับครอบครัวที่มีผลกับเด็ก ดูรายละเอียดในคำตอบ ๖) และ ๗) แม่น้ำลำคลองในกรุงเทพฯ ระบบกำจัดของเสียน้ำทิ้งน้ำเสียที่มีจำกัด สภาพดินที่ไม่มีทราย อิทธิพลของแผ่นดินที่เรียบต่ำน้ำใต้ดินสูงที่มีต่อระบบและแม่น้ำลำคลอง ศึกษาแผนที่โรงบำบัดน้ำเสียที่มีอยู่ปัจจุบันของกรุงเทพฯและแผนที่ระบบเก็บน้ำเสียบางลำพู (ซึ่งต่อไปที่โรงควบคุมรัตนโกสินทร์)

В Banglumpoo соответствующее говорить о системе коллектора вместе с водными путями и вместе с Бангкоком.

Interested in water pollution in Bangkok?

1) Sewer system and waterways?
2) What does the sewer system do?
3) How is disease in wastewater removed, disinfected?
4) Where do the treated materials go?
5) What are not allowed to enter the sewer system? Why?
6) Are canals in Bangkok clean?
7) What do flat land and high underground water do to water in canals?
8) Why does Bangkok need to invest more in the sewer system?
9) What kind of diseases are associated with the poor sanitation system?

1) Sewer system and waterways?

In Banglumpoo it's appropriate to talk about sewer system together with waterways and together with Bangkok. These are intertwined. One affects the others; just like the family affects a child. See discussion in 6) and 7). Canals in Bangkok, sewerage limitation, soil condition, the effect of low, flat land with a highwater table on the sewerage systems and waterways. Study existing wastewater treatment plant map of Bangkok and Banglumpoo sewer collection map (that goes to Rattana Kosin Control Plant).

Что делает система канализации?

Надлежащая система собирает плохую воду от всех зданий через подземный трубопровод и приносит сточные воды для обработки.

๒) ระบบกำจัดน้ำเสียทำอะไร?

ระบบกำจัดน้ำเสียที่ถูกต้องรับน้ำเสีย น้ำทิ้งจากอาคาร เช่นบ้านอยู่อาศัย สำนักงานธุรกิจและอุตสาหกรรมโดยผ่านท่อใต้ดินและนำไปบำบัดให้สะอาด กระบวนการบำบัดมีหลายขั้นตอนในการที่จะแยกของเสียของมนุษย์และสารเคมีออกจากน้ำ เพื่อผลสุดท้ายปล่อยน้ำกลับไปในธรรมชาติอย่างปลอดภัย (กลับไปทะเล มหาสมุทร หรือแหล่งน้ำอื่นๆที่ถูกต้อง)

๓) เชื้อโรคที่อยู่ในน้ำเสียน้ำทิ้งถูกฆ่าและกำจัดอย่างไร?

มีขั้นตอนที่เชื้อโรคถูกฆ่าและกำจัด ขั้นแรกการบำบัดใช้ไฮโดรเจนเพอร์อ๊อกไซด์ ขั้นต่อไปใช้โซเดียมไฮโปคลอไรด์

๔) หลังการบำบัดสิ่งเหล่านี้หายไปไหน?

น้ำที่ถูกบำบัดสะอาดถูกปล่อยกลับไปทะเล มหาสมุทร หรือแหล่งน้ำอื่นๆ ส่วนอื่นที่เป็นตะกอนใช้ทำปุ๋ยในการกสิกรรม ป่าไม้ และการถมที่ดิน

Как - болезнь в сточных водах, удаленных, убитых или дезинфицированных?

В нескольких шагах дезинфицированы сточные воды. Сначала обработка использует перекись водорода в стадии предобработки; позже это использует дезинфицирующий натрий hypochloride с водной стадией.

2) What does the sewer system do?

The proper system collects waste from all buildings, i. e. residence, business and industry via underground piping and brings the waste for treatment. The treatment process has several steps to separate human and chemical waste from water in order to deposit them safely (back to the ocean or other water as appropriate).

3) How is disease in wastewater removed, killed or disinfected?
In a few steps the waste gets disinfected. First the treatment uses hydrogen peroxide in the pretreatment stage; later it uses disinfectant sodium hypochlorite with the water stage.

4) Where do the treated materials go?
The water is released to oceans or waterways. The other part is dry and can be used as fertilizer for agriculture, forestry and land reclamation.

Водные каналы чисты, в Бангкоке? Нет, они не.

๕) มีอะไรบ้างที่ถูกห้ามไม่ให้ทิ้งลงในระบบกำจัดน้ำเสีย เพราะอะไร?

สารเคมีที่เป็นพิษจากอุตสาหกรรมและอื่นๆที่มาจากบ้านอยู่อาศัย เช่นน้ำมันเครื่องรถยนต์ที่ใช้แล้ว ยาฆ่าแมลง สี สารละลาย และสารซักฟอกหลายๆอย่าง สิ่งเหล่านี้ห้ามทิ้งลงในระบบกำจัดน้ำเสีย ทั้งนี้เป็นเพราะเมื่อปริมาณสิ่งเหล่านี้มากพอจะทำให้การนำตะกอนไปใช้เป็นปุ๋ยไม่ปลอดภัยหรือเป็นอันตรายกับสิ่งแวดล้อมในน้ำเมื่อปล่อยน้ำนี้ลงไปในทะเล

๖) คลองในกรุงเทพฯสะอาดหรือไม่?

เพราะระบบกำจัดน้ำเสียมีจำกัด บ้านเมืองแต่ละหลังคาเรือนจะต้องมีระบบส่วนตัวที่จะบำบัดน้ำเสียเป็นของตัวเอง รวมกับสภาพแผ่นดินที่เรียบต่ำน้ำใต้ดินสูงและดินผสมปากแม่น้ำที่ขาดทราย ดินในกรุงเทพฯไม่สามารถดูดซับน้ำเสียได้ น้ำเสียของเสียที่ไม่ได้รับการบำบัด มีอยู่ทั่วไป เมื่อดินอิ่มตัวด้วยน้ำใต้ดินและน้ำเสีย น้ำเสียส่วนมากไหลลงคลองและแม่น้ำ คลองในกรุงเทพฯเป็นพิษ สกปรก และเพาะเชื้อโรคที่น่ากลัว

๗) แผ่นดินที่เรียบต่ำน้ำใต้ดินสูงทำอะไรให้กับการระบายน้ำ การเก็บน้ำเสียลงในระบบ และน้ำในแม่น้ำลำคลอง?

แต่อ่านเรื่องวิศวกรไทยก่อน

Когда почва обильна из подземной воды и сточных вод, много жидкости пробивается к каналам и рекам. Каналы в Бангкоке загрязнены, грязны, и опасно населены с болезнями.

5) What is not allowed to enter the sewer system? Why?

Toxic chemical from industry and others from households such as used motor oil, pesticides, paints, solvents, and many household cleaners will not be allowed to enter the system. It is because excessive levels of these could either prevent the safe application of sludge as fertilizer or threaten the marine environment if discharged to ocean waters.

6) Are the canals in Bangkok clean?

Because the sewer system is very limited, each property has to have its way to treat its own wastewater. Combine that with the flat land, high underground water and delta soil mix that lacks sand, soil in Bangkok cannot absorb effluent. Most untreated wastewater continues to be around. When soil is saturated by the underground water and wastewater, a lot of liquid makes its way to canals and rivers. Canals in Bangkok are polluted, dirty, and dangerously populated with diseases.

7) What do flat land and high underground water do to the drainage, sewer collection, and water in canals?

But read stories of Thai engineers first.

Профессиональные инженеры, живущие в Таиланде, кто родился, воспитанный, и обучил в Таиланде, особенно в Бангкокском опыте и знают эту ситуацию очень хорошо.

แต่อ่านเรื่องวิศวกรไทยก่อน

Когда они были молоды, они, возможно, сыграли с лодками в воде.

วิศวกรที่เกิดที่ประเทศไทย เติบโตอยู่อาศัยเรียนหนังสือในประเทศไทยโดยเฉพาะกรุงเทพฯ มีประสพ
การณ์และอยู่รู้เห็นกับการท้าทายจากลักษณะพื้นฐานบ้านเมืองเหล่านี้เป็นอย่างดี เมื่อเป็นเด็กอาจเล่นเรืออยู่ในน้ำ อาจเล่นน้ำฝนเมื่อถึงหน้าฝน อาจมองเห็นน้ำล้นท่อและท่วมถนน อาจประสพส้วมที่กดไม่ลงแต่ไหลกลับเข้าบ้าน ในสภาพเช่นนี้หลายคนฝันที่จะมีบ้านอยู่บนภูเขา แต่อยู่กันต่อไปกับการท้าทาย เมื่อถึงเวลาการท้าทายถูกส่งไปให้วิศวกรต่างประเทศซึ่งไม่มีพื้นฐานสภาพแผ่นดินต่ำน้ำสูงเช่นนี้ วิศวกรต่างประเทศเหล่านี้ได้งานโดยที่เรียนรู้กรุงเทพฯน้อยมากเมื่อเทียบกับวิศวกรท้องถิ่น วิศวกรต่างประเทศเหล่านี้นอนอ่านหนังสือหรือรายงานอยู่ในโรงแรมห้าดาวรวมทั้งชมกรุงเทพฯอย่างนักท่องเที่ยวเพื่อเตรียมตัวสัมภาษณ์รับงาน

But read stories of Thai engineers first.

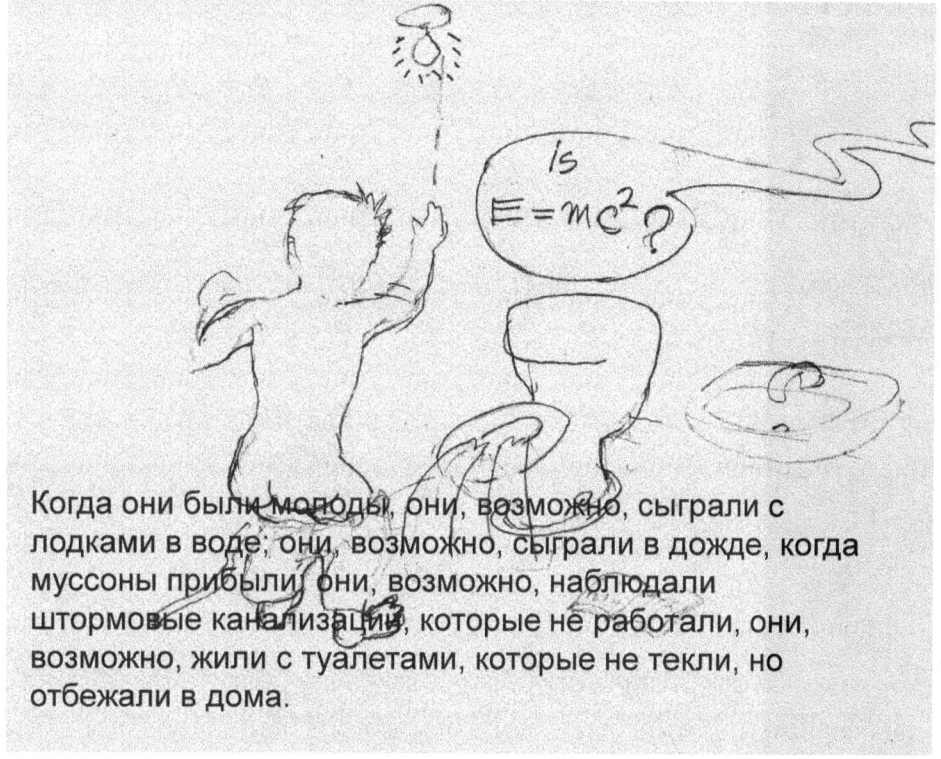

Когда они были молоды, они, возможно, сыграли с лодками в воде; они, возможно, сыграли в дожде, когда муссоны прибыли, они, возможно, наблюдали штормовые канализации, которые не работали, они, возможно, жили с туалетами, которые не текли, но отбежали в дома.

Professional engineers living in Thailand who were born, raised, and educated in Thailand, especially in Bangkok experience and know this challenge very well. When they were young, they may have played with boats in the water; they may have played in the rain when the monsoons came; they may have watched storm drains that didn't work, they may have experienced toilets that didn't flush but backed up into houses. They wished that they lived in the hilly terrain up north but, continued to hold on to the challenge in Bangkok. But when the time came, the challenge was given to foreign engineers who didn't know much about flat land and high underground water. To get the jobs, these foreign professionals spent much less time learning about Bangkok than their local counter parts. They may have studied from books and reports in five star hotels as well as touring Bangkok to prepare for job interviews.

Город подлежит наводнению. Штормовая вода Бангкока не перемещает это хорошо.

คำตอบข้อ ๗):

เมืองถูกน้ำท่วมเป็นประจำ น้ำฝนที่ตกในกรุงเทพฯไม่ไหลไปไหน น้ำเสียของเสียในระบบมีปัญหาเช่นเดียวกัน ผู้เชี่ยวชาญบางท่านโทษท่อที่วางไม่มีความลาดชันเพียงพอ เส้นผ่าศูนย์กลางใหญ่ไม่พอ เป็นต้น

แต่ลักษณะแผ่นดินที่เรียบต่ำน้ำใต้ดินสูงบังคับบ้านเมืองให้ใช้ระบบที่มีความสามารถสูงในการเคลื่อนของเสีย วางท่อให้ถูกมาตรฐานและขนาด เพิ่มจำนวนและตำแหน่งสถานีสูบน้ำ จะเพิ่มความสำเร็จในการทำงาน

ปัญหาอีกประเด็นหนึ่งเป็นเรื่องนโยบายทิศทางในการออกแบบ บ้านเมืองประหยัดงบประมาณโดยการรวมน้ำฝนกับน้ำทิ้งไว้ในระบบเดียวกัน ระบบรวมต้องมีความสามารถในการรับฝนปริมาณสูงเมื่อฝนตกหนัก ไม่เช่นนั้นบ้านเมืองจะพบภาวะที่ส้วมไหลกลับเข้าบ้าน ในการสร้างระบบใหม่ ระบบแยกเป็นระบบที่ดีที่สุด

น้ำในลำคลอง ไหลอย่างเชื่องช้า เกือบนิ่ง รวมกับน้ำเสียสดๆจากบ้าน น้ำในคลองกรุงเทพฯเป็นพิษและเต็มไปด้วยเชื้อโรค กลิ่นแรง นึกถึงภาพนี้: โรงพยาบาลต่อท่อระบายน้ำเสียของเสียลงลำคลองและแม่น้ำ ไม่เพียง แต่ประชาชนที่อยู่อาศัยบนแม่น้ำลำคลองเท่านั้นที่จะติดโรค แต่น้ำใต้ดินติดโรค คนทั้งเมืองติดโรค

ในสมัยก่อน (๒๕๓๓) เริ่มโดย แจแปน อินเตอร์เนชันแนล โคอปเปอเรชั่น เอเจนซี่ (JICA) มีโครงการปรับปรุงคุณภาพน้ำคลอง มีการหมุนเวียนน้ำสะอาดเข้าคลองและให้อากาศ ในฤดูแล้ง (ธันวาคม-เมษายน) น้ำจากแม่น้ำถูกดูดเข้าคลอง น้ำเป็นพิษจากคลองถูกดูดลงแม่น้ำ (๒,๐๘๓ ลูกบาศก์เมตรต่อนาที) จากสถานีพระโขนง

Вода в каналах редко двигается. Это является застойным. Это, объединенный со входом в сточные воды, заставляет воду в каналах Бангкока быть высоко загрязненной и полной болезней.

Answer to question 7):

The city is subject to flOoding. Bangkok's storm water doesn't move that well. Sewer collection faces similar problems. Some blame the problem on shallow underground piping slopes, or not large enough diameter piping, etc.

But the terrain character imposes the problem and requires a rather capable system to move human waste. Adequate slope and more pumping stations will increase the success.

Another problem is associated with the design. The city saves money by combining storm water with the sewer collection. But it needs overflow capability to deal with heavy rainfall, or the city risks sewer back up. In building the new sewerage collection, a separate system is the best.

Water in canals barely moves. It is stagnant. That, combined with the raw sewerage entrance, causes water in Bangkok's canals to be highly polluted and full of diseases. It smells. Imagine this: Hospitals connect sewer pipes into canals or rivers. Not only do the people who live on the waterways use the water and pick up diseases, but the ground water also gets contaminated which spreads diseases to the entire population.

In the past (1990) initiated by The Japan International Cooperation Agency (JICA) there was a program on how to improve water quality in canals. It provided re-circulation of clean water into the canals and oxygenation of canal water with aerators. During the dry season (December-April) river water is pumped into the canals while polluted canal water is pumped back into the river (2,083 m3/min) from Pra Knong pumping station.

Теперь каналы продолжают быть загрязненными. Отдел Дренажа и Канализации BMA должен быть более творческим.

ปัจจุบันคลองยังเป็นพิษ กองระบายน้ำและกำจัดน้ำเสีย กทม จำเป็นต้องมีความคิดสร้างสรรค์มากขึ้น การแก้ปัญหาไม่ใช่เป็นงานวิศวกรรมเพียงอย่างเดียว จำเป็นต้องการใช้นักวิทยาศาสตร์ ผู้เชี่ยวชาญพลังงาน ผู้เชี่ยวชาญต้นไม้ สถาปนิกภูมิทัศน์

๗.๑. จัดโครงสร้างพื้นฐาน

ก) ห้ามทิ้งขยะ ห้ามต่อท่อระบายน้ำเสียของเสีย และสารเคมีลงคลอง
ข) ลอกคลองเพื่อกำจัดขยะและมลพิษ

๗.๒. มองหา กลั่นกลองคำตอบจากผู้เชี่ยวชาญที่มีความสามารถ

ก) แข่งขันออกแบบเพื่อทำให้คลองสะอาด

๗.๓. มีความคิดสร้างสรรค์ ลองวิธีใหม่ๆ

ก) พลังงานที่ทำงานได้อย่างประหยัด พลังงานแสงอาทิตย์ ฯลฯ
ข) พืช: พืชน้ำที่ผลิตอ๊อกซิเจ้นให้น้ำ (ehow.com สาหร่าย วัชพืชน้ำ บัตเตอร์คัพเหลืองน้ำ)
ค) พืช: พืชน้ำที่ดูดซับสารมลพิษ (ehow.com โดยผ่านการเฝ้าดูผล เก็บเกี่ยว ต้นบูลรัช ต้นตบชวา ต้นกกพื้นเมือง)

๗.๔. เล่นกับน้ำคลอง ฯลฯ

Решение не проектирует только. Это требует ученых, энергетических экспертов, садоводов, и архитекторов пейзажа.

So far the canals continue to be polluted. The Department of Drainage & Sewerage of BMA needs to be more creative. The solution is not engineering alone. It requires scientists, energy experts, horticulturists, and landscape architects.

7.1. Provide infrastructures:
a) Stop trash, raw sewer and chemicals from entering canals.
b) Dredge canals for debris free and pollutant removal.

7.2. Look for exceptional solutions from talented experts:
a) Design competition to keep canals clean.

7.3. Creativities, try something new:
a) Energy that operates economically, solar, etc.
b) Plants, aquatic plants that supply oxygen in canals (ehow.com, algae, pondweed, yellow water buttercup)
c) Plants, aquatic plants that absorb pollutants (ehow.com, thru monitoring, harvesting, the bulrush, water hyacinth, common reed).

7.4. Play with canal water, Etc.

เราเล่นกับ: ๑) ดูดน้ำคลองมาทำน้ำพุที่กลางเมืองและตามถนน ๒) สร้างน้ำพุบนสอง

ข้างสะพาน สิ่งประดิษฐ์ทั้งสองนี้จะหมุนเวียนน้ำในคลอง ฆ่าเชื้อโรค ให้อ๊อกซิเจ้นในน้ำ และคลายร้อนให้กรุงเทพฯและบางลำพู

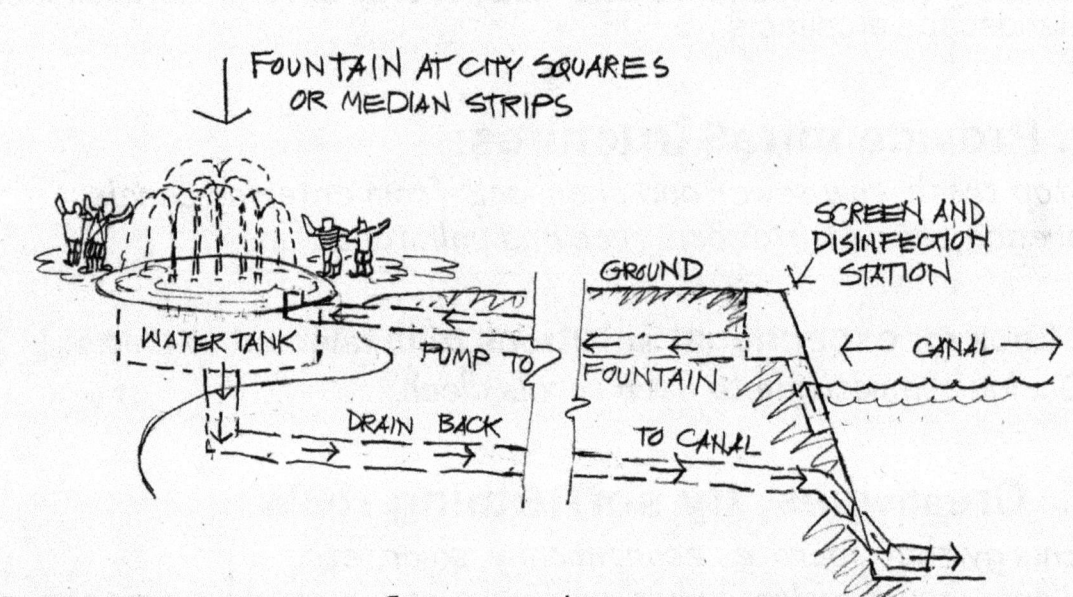

Введите воду канала, чтобы создать фонтаны в городских площадях и уличных разделительных полосах.

สร้างน้ำพุที่กลางเมืองและตามถนนจะช่วยดับร้อนหน้าร้อน แต่ถ้าดูดน้ำคลองและระบายกลับจะเป็นการเคลื่อนไหวที่คลองต◌้องการ น้ำพุดังกล่าวอาจสร้างอยู่สองข้างสะพานอีกด้วย ถ้าน้ำพุเหล่านี้มีอยู่ในบางลำพูและทั่วกรุงทพฯ เราแก้ปัญหาสำคัญๆแก่เมืองนางฟ้านี้เรียบร้อยแล้ว ลดความร้อน หมุนเวียนน้ำในคลอง น้ำพุผ่านการฆ่าเชื้อโรคคลองก็ได้รับการฆ่าเชื้อโรคไปด้วย น้ำพุทั้งหมดนี้เป็นเครื่องป้อนอากาศให้น้ำ น้ำพุจะได้อ๊อกซิเจ้นก่อนไหลกลับลงคลอง เมืองจะเย็นลง คลองจะสะอาด ทั้งหมดนี้ได้มาจากไฟฟ้าพลังงานแสงแดด งบประมาณค่าใช้จ่ายเกือบไม่มี นอกจากยาฆ่าเชื้อโรค ไม่มีสิ่งประดิษฐ์อื่นใดที่ให้ประโยชน์มากเท่านี้

We can play with:

1) Bring in canal water to create fountains at city squares and street medianstrips. 2) Create fountains on both sides of bridges. These two inventions will circulate canal water, disinfect and oxygenate the water used, and cool Bangkok and Banglumpoo.

Изобретение переместит воду канала, дезинфицирует и окислит используемую воду. Это охладит Бангкок и Banglumpoo.

Creating fountains at city squares and streets helps to reduce heat in the summer. But if water can be drawn from canals and drained back it's the movement the canals need. Such fountains can be built on both sides of bridges as well. If all are for both Banglumpoo and the entire city of Bangkok, we have just solved all important problems for the City of Angel already: Reducing the heat, generating water movement in the canals. All fountain water is disinfected; so are the canals. The fountains themselves are aerators; they oxygenate the water before draining it back to the canals. The city is cool and the canals are clean. All are run by solar powered electricity. The cost of operation is near zero except for the disinfection chemical. Nothing is more giving than this invention.

Почему Бангкок должен инвестировать больше в систему канализации?

๘) ทำไมกรุงเทพฯจึงต้องลงทุนเพิ่มเติมในระบบน้ำเสียมากขึ้นกว่าที่มีอยู่ทุกวันนี้? ดูที่เว็บไซต์ www.asianhumannet.org/db/datas/0912-e/sewerage-bangkok.pdf อ่านเรื่องราวโดยรวมและเครือข่ายของระบบน้ำเสียในกรุงเทพฯ

ก่อนอารยธรรม มนุษย์ตั้งหลักแหล่งหรือโยกย้ายขึ้นอยู่กับปัจจัยต่างๆ แรกๆ คืออาหาร เราตั้งหลักแหล่งเพราะเราพบอาหาร เราย้ายเมื่ออาหารหมด ในภายหลังเป็นอย่างอื่นที่ทำให้เราย้าย ก่อนที่เราจะรู้ว่าจะกำจัดมันได้อย่างไร เราย้ายเพราะส้วมเต็มด้วยเหมือนกัน

เมืองในประเทศตะวันตกต่อสู้กับปัญหาระบบน้ำเสียเริ่มแรกมาก เมืองเหล่านี้เริ่มงานยากลำบากนี้ราวๆปี **๒๔๔๓-๒๔๗๘** และทำต่อเนื่องปรับปรุง ควบคู่ไปกับการเติบโตของจำนวนประชากร กรุงเทพฯเริ่มศึกษาการกำจัดน้ำเสียในปี **๒๕๐๓ ๒๕** ปีหลังเมืองทางตะวันตก ศึกษา-ยังไม่มีอะไร กรุงเทพฯเติบโตจาก **๔.๑๔** ตารางกิโลเมตรเป็น **๑,๕๖๘.๗๔** ตารางกิโลเมตร ในปี **๒๕๓๖-๗** กรุงเทพฯเริ่มมีโรงกำจัดน้ำเสียครั้งแรกที่สี่พระยา ก่อนหน้านั้นกรุงเทพฯรัฐบาลท้องถิ่นไม่มีความสามารถในการกำจัดน้ำเสีย กรุงเทพฯตั้งอยู่บนผ่นดินอ่อนและต่ำ ปากแม่น้ำเจ้าพระยา มีน้ำใต้ดินสูง ไม่เหมือนเมืองอื่นบนที่สูง กรุงเทพฯถูกซ้ำเติมอย่างหนักจากปัญหาการระบายน้ำและน้ำท่วม โดยธรรมชาติน้ำเสียไม่ไหลไปไหน เช่นเดียวกับน้ำในคลอง นิ่ง ไม่มีอากาศ

และส่งกลิ่น

Почему Бангкок должен инвестировать больше в систему канализации?

8) Why does Bangkok need to invest more in the sewer system? Look at the website www.asianhumannet.org/db/datas/0912-e/sewerage-bangkok.pdf to read the entire story and to learn about the network of sewers in Bangkok.

Before civilization, humans stayed or moved according to certain factors. Early on it was food; we stayed where we found it, moved on where we ran out. Later on, it was also something else. Before we knew how to get rid of it, we moved because the toilet was full, too.

Cities in the Western countries tackled sewerage problems early on. They began these difficult projects at around 1900-1935 and continue to build and improve upon them as they go along with the population increase. Bangkok began its sewer studies in 1960, 25 years later; just studied -- not the operation of the system. Bangkok grows from 4.14 km2 to 1,568.74 km2. Until 1993-4 when it operated the first water treatment at Sri-Praya, Bangkok was a city without any central sewer capabilities. The city is located on soft and low land of highwater table, of the Chaopraya River delta. Unlike other cities on higher grounds, Bangkok is severely aggravated by poor drainage and flooding problems. Naturally the wastewater doesn't want to move or flow. That's the same with water in most canals: stagnant, lacking oxygen, and smelly.

Эти заводы обработки рассеяны главным образом вокруг центральной части Бангкока, со скудными сетями коллекции, которые, оказалось, были неадекватными,

ระบบปัจจุบันมีโรงกำจัดน้ำเสีย **๗** แห่ง

ซึ่งเริ่มปฏิบัติงานตั้งแต่ พ.ศ. **๒๕๓๖-๗** ถึงพ.ศ. **๒๕๔๘**

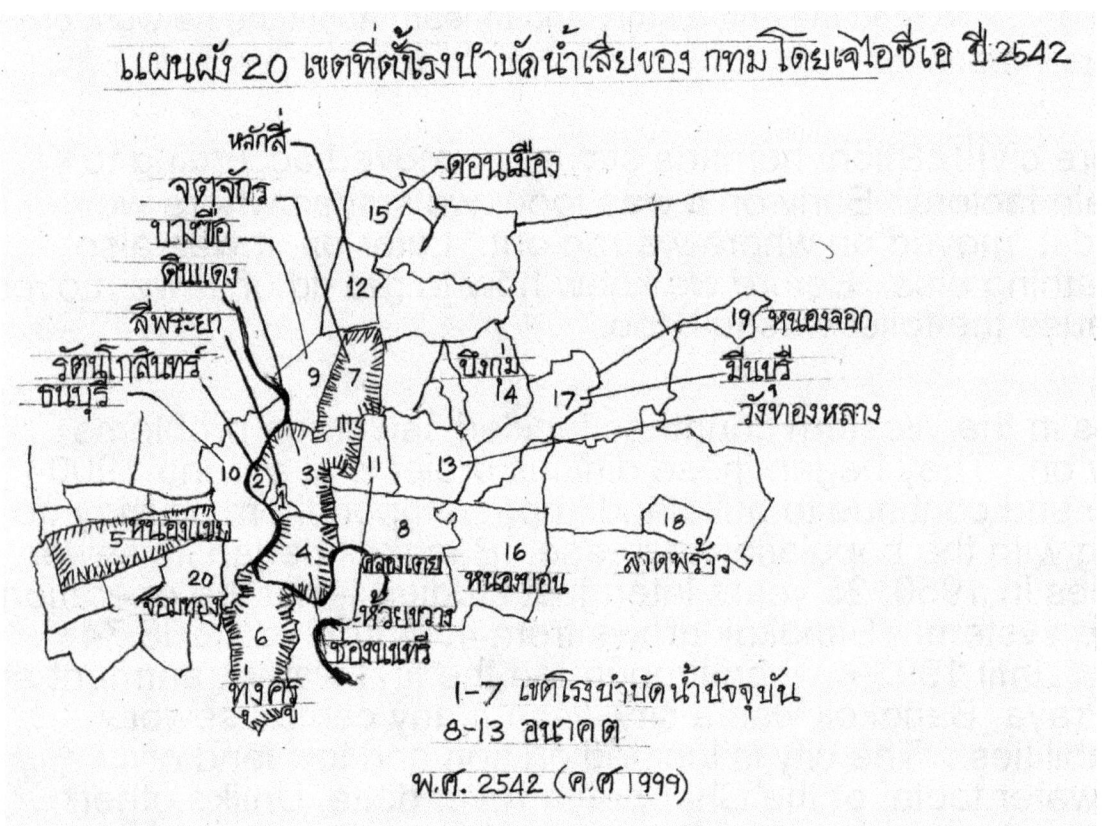

โรงกำจัดน้ำเสียเหล่านี้อยู่รวมใกล้ใจกลางกรุงเทพฯ มีเครือข่ายเก็บน้ำเสียในบริเวณจำกัดและไม่เพียงพอ ปล่อยให้บริเวณกว้างใหญ่ยังไม่มีบริการ แม่น้ำลำคลองยังเป็นพิษและมีกลิ่น ประชาชนมีชีวิตทุกวันล่อแหลมต่อสิ่งแวดล้อมที่จะนำไปสู่โรคระบาด

Это leavs обширная территория города без обслуживания коллектора; реки и каналы продолжают быть загрязненными и запах. Жители живут в окружающей среде, которая все более и более более близка к вспышке болезни каждый день.

The current system consists of seven water treatment plants which started their operations in 1993-4 and continued through 2005.

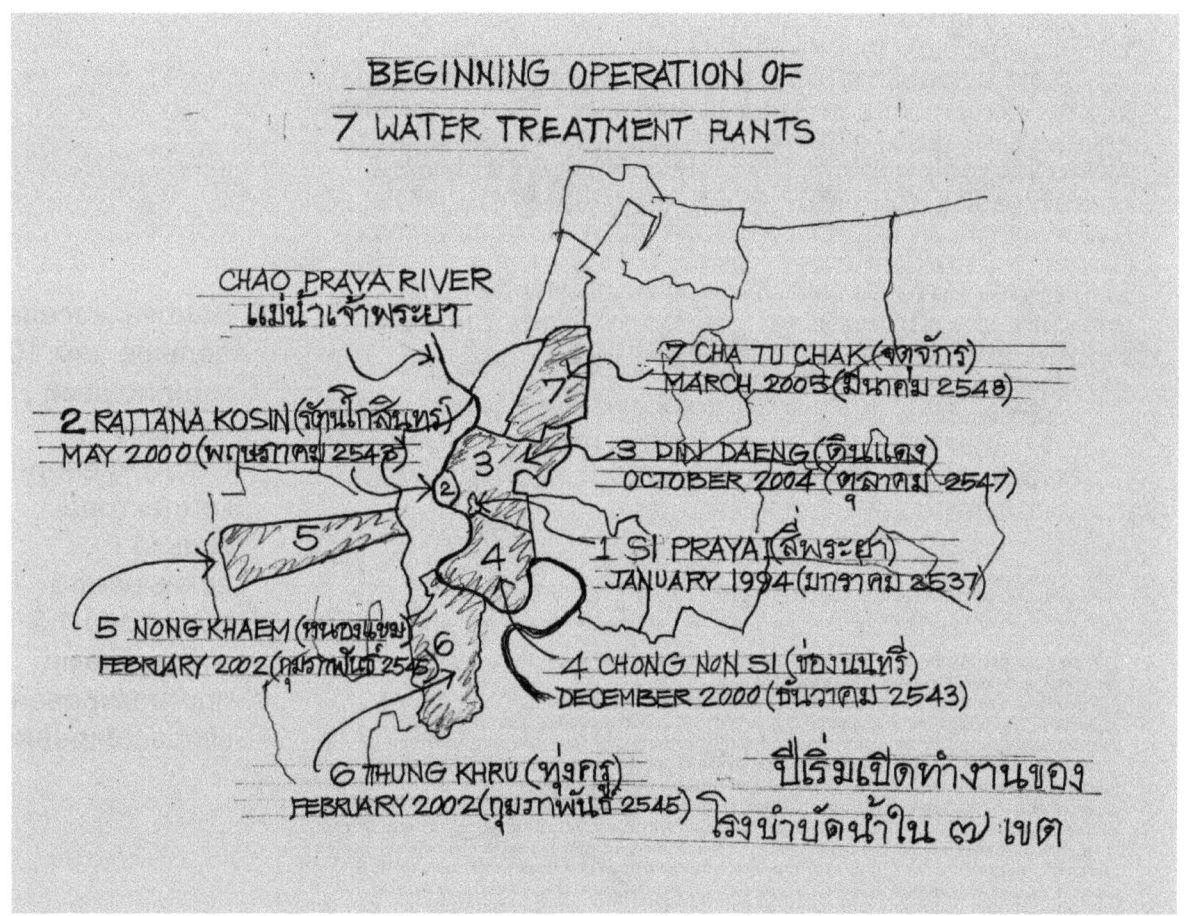

These treatment plants are scattered mostly around the central part of Bangkok, with meager collection networks that proved to be inadequate, leaving the vast territory of the city without the sewer service; rivers and canals continue to be polluted and smell. The residents are living in an environment that is increasingly closer to a disease outbreak everyday.

ในบางลำพูสมควรที่จะพูดถึงระบบกำจัดน้ำเสียควบคู่ไปกับแม่น้ำลำคลอง และคู่ไปถึงกรุงเทพฯ สิ่งเหล่านี้ต่อเนื่องมีผลซึ่งกันและกัน เช่นเดียวกับครอบครัวที่มีผลกับเด็ก

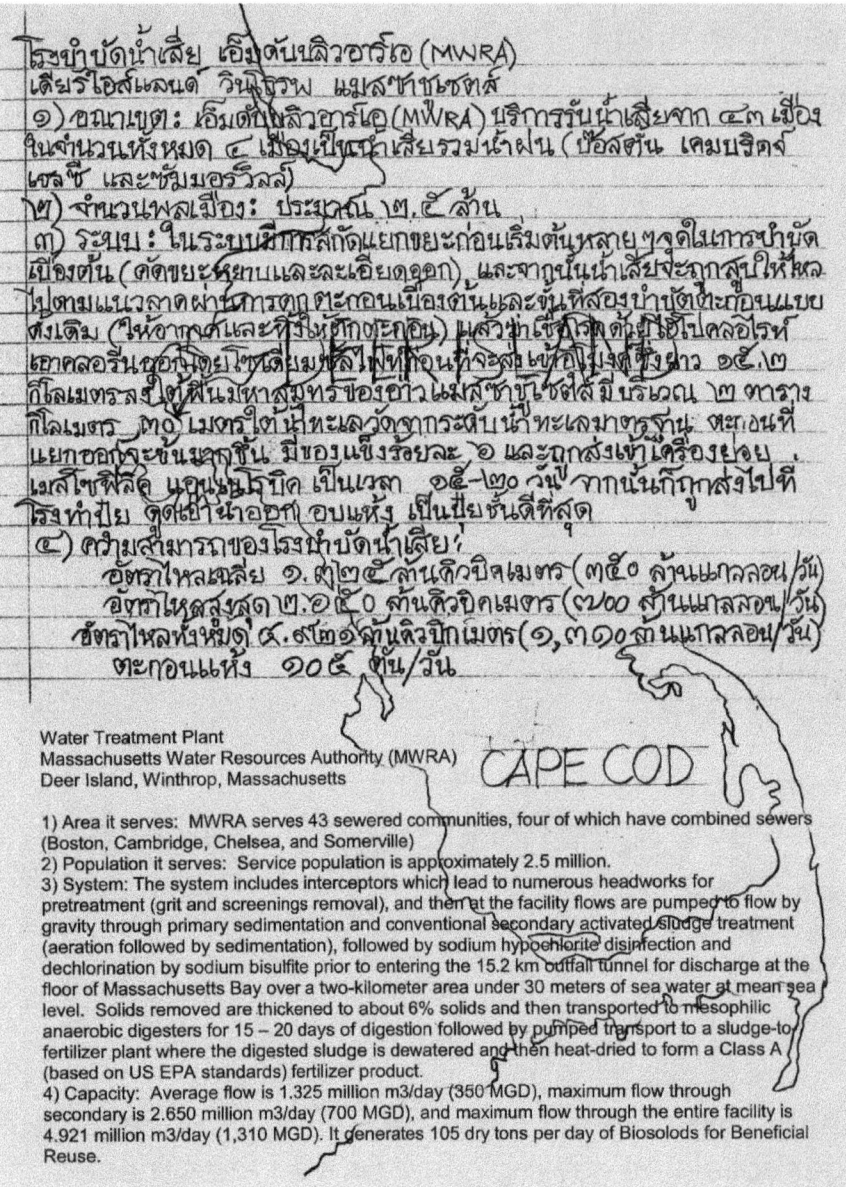

โรงบำบัดน้ำเสีย เอ็มดับบลิวอาร์เอ (MWRA)
เดียร์ไอส์แลนด์ วินธรอพ แมสซาชูเซตส์
๑) อาณาเขต: เอ็มดับบลิวอาร์เอ (MWRA) บริการรับน้ำเสียจาก ๔๓ เมือง ในจำนวนทั้งหมด ๔ เมืองเป็นน้ำเสียรวมน้ำฝน (บอสตัน เคมบริดจ์ เชลซี และซัมมอร์วิลล์)
๒) จำนวนพลเมือง: ประมาณ ๒.๕ ล้าน
๓) ระบบ: ในระบบมีการสกัดแยกขยะก่อนเริ่มต้นหลายๆจุดในการบำบัดเบื้องต้น (คัดขยะหยาบและละเอียดออก) และจากนั้นน้ำเสียจะถูกสูบให้ไหลไปตามแนวลาดผ่านการตกตะกอนเบื้องต้นและขั้นที่สองบำบัดตะกอนแบบดั้งเดิม (ให้อากาศและทิ้งให้ตกตะกอน) แล้วฆ่าเชื้อโรคด้วยโซเดียมไฮโปคลอไรท์ เอาคลอรีนออกโดยโซเดียมไบซัลไฟท์ก่อนที่จะส่งเข้าอุโมงค์ยาว ๑๕.๒ กิโลเมตรลงใต้พื้นมหาสมุทรของอ่าวแมสซาชูเซตส์ มีบริเวณ ๒ ตารางกิโลเมตร ๓๐ เมตรใต้น้ำทะเลวัดจากระดับน้ำทะเลมาตรฐาน ตะกอนที่แยกออกจะข้นมากขึ้น มีของแข็งร้อยละ ๖ และถูกส่งเข้าเครื่องย่อยเมโซฟิลิค แอนแอโรบิค เป็นเวลา ๑๕-๒๐ วัน จากนั้นก็ถูกส่งไปที่โรงทำปุ๋ย ดูดเอาน้ำออก อบแห้ง เป็นปุ๋ยชั้นดีที่สุด
๔) ความสามารถของโรงบำบัดน้ำเสีย:
อัตราไหลเฉลี่ย ๑.๓๒๕ ล้านคิวบิคเมตร (๓๕๐ ล้านแกลลอน/วัน)
อัตราไหลสูงสุด ๒.๖๕๐ ล้านคิวบิคเมตร (๗๐๐ ล้านแกลลอน/วัน)
อัตราไหลทั้งหมด ๔.๙๒๑ ล้านคิวบิกเมตร (๑,๓๑๐ ล้านแกลลอน/วัน)
ตะกอนแห้ง ๑๐๕ ตัน/วัน

Water Treatment Plant
Massachusetts Water Resources Authority (MWRA)
Deer Island, Winthrop, Massachusetts

1) Area it serves: MWRA serves 43 sewered communities, four of which have combined sewers (Boston, Cambridge, Chelsea, and Somerville)
2) Population it serves: Service population is approximately 2.5 million.
3) System: The system includes interceptors which lead to numerous headworks for pretreatment (grit and screenings removal), and then at the facility flows are pumped to flow by gravity through primary sedimentation and conventional secondary activated sludge treatment (aeration followed by sedimentation), followed by sodium hypochlorite disinfection and dechlorination by sodium bisulfite prior to entering the 15.2 km outfall tunnel for discharge at the floor of Massachusetts Bay over a two-kilometer area under 30 meters of sea water at mean sea level. Solids removed are thickened to about 6% solids and then transported to mesophilic anaerobic digesters for 15 – 20 days of digestion followed by pumped transport to a sludge-to-fertilizer plant where the digested sludge is dewatered and then heat-dried to form a Class A (based on US EPA standards) fertilizer product.
4) Capacity: Average flow is 1.325 million m3/day (350 MGD), maximum flow through secondary is 2.650 million m3/day (700 MGD), and maximum flow through the entire facility is 4.921 million m3/day (1,310 MGD). It generates 105 dry tons per day of Biosolods for Beneficial Reuse.

Бангкок населен больше чем 10 миллионами человек. Обслуживание коллектора только покрывает 3 миллиона 1.5 миллионами прогнозированных расширений.

ระบบกำจัดน้ำเสียของกรุงเทพฯ เครือข่ายเก็บน้ำเสีย และโรงกำจัดน้ำเสียเริ่มมีขึ้นเมื่อไม่นานนี้ ยังมีจำนวนน้อยและไม่ทันกับการเติบโตของจำนวนประชากร กรุงเทพฯมีพลเมืองมากกว่า ๑๐ ล้าน ระบบกำจัดน้ำเสียสามารถรับใช้พลเมืองเพียง ๓ ล้านและอีก ๑.๕ ล้านในอนาคต

Бангкок населен больше чем 10 миллионами человек. Обслуживание коллектора только покрывает 3 миллиона 1.5 миллионами прогнозированных расширений.

In Banglumpoo, it's appropriate to talk about the sewer system together with the waterways and together with Bangkok. These are intertwined. One affects the other; just like the family affects a child.

	Water Environment Control Plant	Area (km2)	Population	System	Capacity (m3/day)	Source of Fund	Cost (million bath)
	Bangkok Water Treament Project					BMA: Gov.	
1	Si Praya	2.7	120,000	Contact Stabilization A.S.	30,000	BMA 100%	464
2	Rattana Kosin	4.1	70,000	Two Stage A.S.	40,000	Gov. 100%	883
3	Din Daeng	37	1,080,000	Activated Sludge	350,000	25:75	6,382
4	Chong Non Si	28.5	580,000	Cyclic Activated Sludge System	200,000	40:60	4,552
5	Nong Kham	44	520,000	Vertical Loop Reactor A.S.	157,000	40:60	2,348
6	Thung Khru	42	177,000	Vertical Loop Reactor A.S.	65,000	40:60	1,760
7	Cha Tu Chak	33.4	432,000	Cyclic Activated Sludge System	150,000	60:40	3,482
8	Community Plant 12 Plants				25,700		
	SUM	191.7	2,979,000		1,017,700		19,871
	Future BMA Waste Water Treatment Projects						
1	Bang Sue EECP	21	250,000	Step Feed A.S.	120,000	BMA 100%	4,732
2	Klong Toei	56	485,000	Activated Sludge	360,000	60:40	9,896
3	Thon Buri	59	704,000	Activated Sludge	305,000		11,561
	SUM	136	1,439,000		785,000		26,189

The Bangkok sewerage facilities, collecting network and treatment plants have been in a few years of operation, few in number and haven't caught up with the population numbers they serve. Bangkok is populated by more than 10 million people. The sewer service only covers 3 million with a 1.5 million projected expansion.

บางลำพูเป็นส่วนหนึ่งของเขต ๒ หรือ ๔ (รัตนโกสินทร์) ท่อเก็บน้ำเสียเดินขนานไปใต้ถนนพระอาทิตย์ ส่วนอื่นในบางลำพูไม่มีบริการ น้ำเสียส่วนมากใช้บริการสูบเอาไปทิ้ง ไหลซึมลงดิน และไหลลงแม่น้ำลำคลองเป็นประจำ

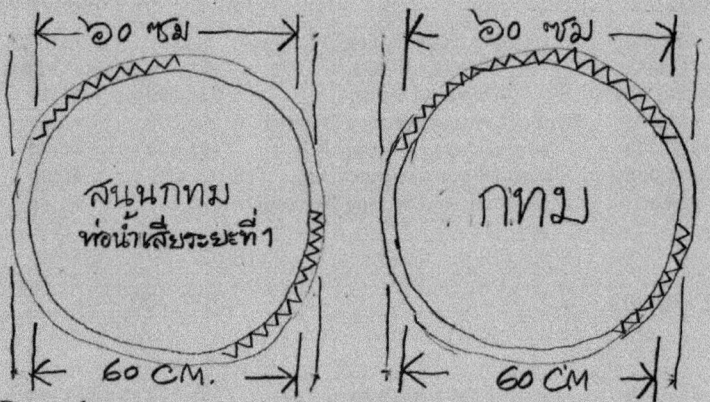

เรามีระบบระบายน้ำเสียในถนนหน้าบ้านเราหรือเปล่า? ถ้ามีเราจะเห็นฝาครอบประตูลงใต้ดินหลายๆจุด ฝาครอบเป็นวงกลมขนาดประมาณผ่าศูนย์กลาง ๖๐ ซม วางระดับเดียวกับผิวถนนซึ่งสามารถให้รถวิ่งบนนั้นได้ อาจแปลว่าบ้านเราได้รับบริการจากระบบระบายน้ำเสียน้ำทิ้ง ซึ่งนำน้ำเสียไปบำบัด

ถ้าเราไม่เห็นฝาครอบนี้ เราและเพื่อนบ้านทั้งถนนอาจจะมีการบำบัดน้ำเสียของใครของมัน และเป็นไปได้ที่เราและเพื่อนบ้านสร้างพิษภัยให้กับดินและแม่น้ำลำคลองตลอดมา

Banglumpoo - часть Зоны 2 или 4 (Rattana Kosin). Линия коллекции побежала по Ta-non Pra Artit.

Do you have a sewer service in your street? If you do you'll see sewer manhole covers in a few places. They are circular plates of about 60 cm diameter laying flat the same level with the street. Cars can go over them. This could also mean that your house is connected to the service which takes your waste water to the water treatment plant of that system.

If you don't see the manhole covers, you and your neighbors, in your street may have on site systems to handle the house hold's waste water. Chances are you and your neighbors may have been polluting the soil and waterways for quite sometimes as well.

ท่อเก็บน้ำเสียน่าสงสัยว่าจะเป็นท่อรวมน้ำฝนและน้ำทิ้งจากอาคารบ้านเรือนและร้านค้า คลองบางลำพูและคลองทั่วๆไปคือท่อระบายน้ำทิ้งที่เปิดโล่ง คลองเหล่านี้เต็มไปด้วยเชื้อโรค

Остальная часть Banglumpoo не имеет никакого обслуживания. Большинство канализации должно быть накачано обслуживанием, или просочиться через почву, или входить в водный путь регулярно.

Banglumpoo is a part of Zone 2 or 4 (Rattana Kosin). The collection line runs along Pra Artit Road. The rest of Banglumpoo has no service. Most sewerage must be pumped up by a service, or seep through the soil, or enter the waterway regularly.

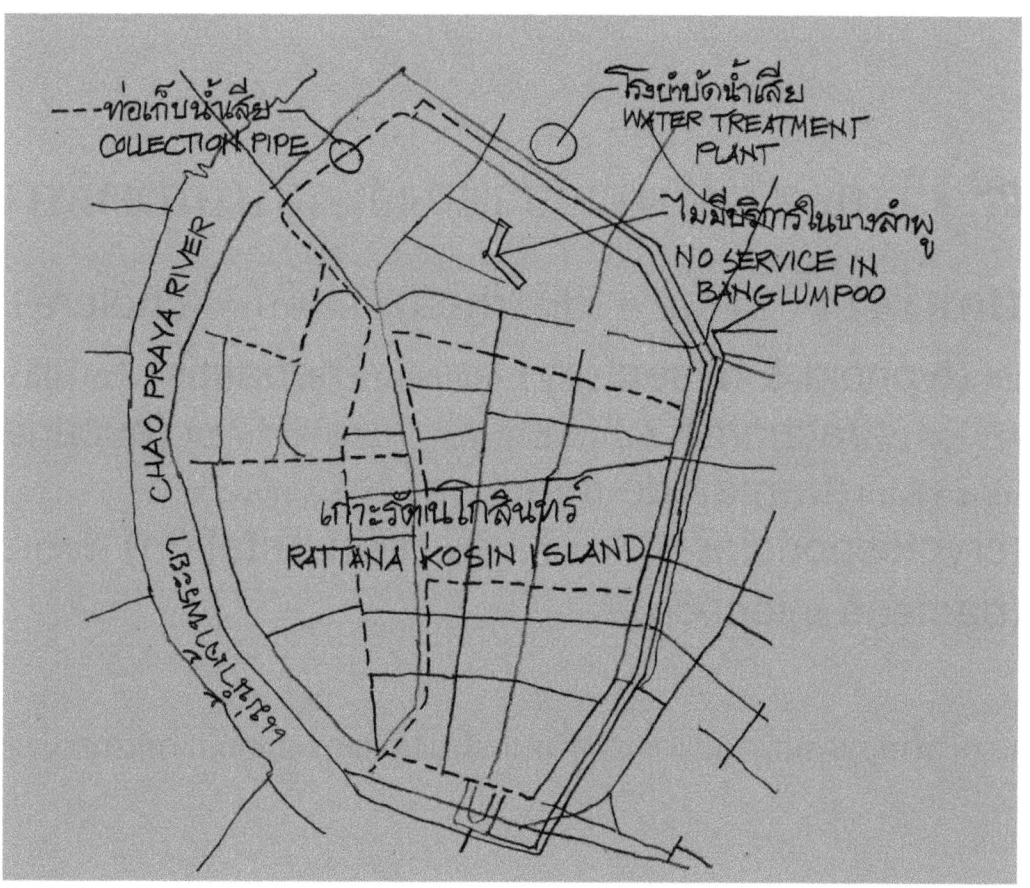

The collection network is (suspiciously) a combined storm and sewer. Banglumpoo canal and other canals are practically open sewers. The diseases are there in the waterways.

Какие болезни связаны с бедной системой очистки?

๙) โรคอะไรบ้างที่เกี่ยวข้องกับระบบสุขาภิบาลที่บกพร่อง? โรคท้องร่วง (diarrhea) อหิวาตกโรค (cholera) รากสาดและบิด (typhoid & dysentery) ตับอักเสบ (hepatitis) โรคโปลิโอ (polio) ตระโคม่า (trachoma ทำให้ตาบอดได้), โรคพยาธิไส้เดือน (ascariasis) เชื้อพยาธิตัวแบน (trematode infection) ไข้ตะคิวท้องร่วง (cryptosporidiosis) ผิวระคายเคือง (skin irritation) เชื้อแบคทีเรีย (bacteria infection).

ทางน้ำทั้งหลาย แม่น้ำ และลำคลองทั้งหมดต้องได้รับการดูแลที่ดีกว่าสถานะปัจจุบัน

Они включают диарею, холеру, тиф и дизентерию, гепатит, полиомиелит, trachoma (связанный со слепотой), аскаридозом, trematode инфекция, cryptosporidiosis, раздражение кожи, и инфекция бактерий.

9) What kind of diseases are associated with the poor sanitation system? They include diarrhea, cholera, typhoid & dysentery, hepatitis, polio, trachoma (related to blindness), ascariasis, trematode infection, cryptosporidiosis, skin irritation, and bacteria infection.

All waterways, rivers and canals must be taken better care of than the ongoing status.

Все водные пути, реки и каналы должны быть сделаны лучше чем настоящий статус.

Наводнение в Бангкоке - проблема. На низкой лежащей плоской земле с высоким подземным водным наводнением всегда там, большое или маленькое.

น้ำท่วม

น้ำท่วมเป็นปัญหาในกรุงเทพฯ บนแผ่นดินราบแบนน้ำใต้ดินสูงปัญหา
น้ำท่วมจะอยู่ที่นั่น ใหญ่หรือเล็ก

มีข้อสังเกตุจากผู้เชี่ยวชาญ มนุษย์ไม่ควรตั้งถิ่นฐานบนพื้นที่ๆมีภัยธรรมชาติ กรุงเทพฯ-น้ำท่วม ฟลอริดา-เฮอริเคน โอคลาโฮม่า-ทอร์เนโด้ อินโดนีเซีย-ประเทศบนเทือกภูเขาไฟ นี่คือพื้นที่ๆมีภัยธรรมชาติ

ปัญหาคือเราไม่สามาถจะย้ายได้ง่ายๆสมัยนี้ ไม่เหมือนส้วมเต็มก่อนอารยธรรม เราให้ทั้งหัวใจและจิตวิญญาณแก่เมืองของเรา กรุงเทพฯ ฟลอริดา โอคลาโฮม่า หรืออินโดนีเซีย เราย้ายไปไม่ได้

ข่าวไม่ดีสำหรับกรุงเทพฯ ในขณะที่การศึกษาโลกร้อนดำเนินอยู่ "อย่างไรก็ตามผลกระทบในอุณหภูมิของน้ำทะเลที่สูงขึ้นเพราะแผ่นน้ำแข็งละลายยังไม่แน่นอน นี่หมายความว่ายังบอกได้ยากว่าระดับน้ำทะเลจะสูงขึ้นได้แค่ไหน การทำความเข้าใจความเสี่ยงนี้สำคัญมากเพราะประมาณร้อยละ ๗๐ ของพลเมืองโลกอาศัยอยู่ย่านฝั่งทะเลซึ่งมีเมืองใหญ่ๆ เช่นลอนดอน นิวยอร์ค และกรุงเทพฯ" เป็นไปได้ว่าเมื่อถึงจุดหนึ่งเมืองหลายเมืองจะอยู่ใต้น้ำถ้าไม่สร้างกำแพงล้อมอย่างเนเธอร์แลนด์ การศึกษาบางแห่งคาดว่าจะใช้เวลา ๓,๐๐๐ ปี แต่นิตยสารแนทชั่นนัลจีออกราฟฝิค ฉบับกันยายน ๒๕๕๖ พูดถึงความไม่แน่นอนระดับน้ำทะเลอาจสูงขึ้นมากกว่า ๒ เมตร (๖.๖ ฟุต) ในปี ๒๖๔๓ เหนือระดับปัจจุบัน ประเทศและเมืองไม่ควรจะมองแต่ฝนและน้ำเหนือ ระดับน้ำทะเลจะต้องมีการเฝ้าดูอยู่ตลอดเวลา ความไม่แน่นอนนำคำถามตามมา เมืองหลวงควรจะย้ายขึ้นที่สูงหรือไม่? แต่อย่างไรก็ตามเมืองประวัติสาศตร์อย่างเกาะรัตนโกสินทร์หรือตำบลอื่นๆต้องการๆคุ้มกัน ถ้าระดับน้ำทะเลมีแนวโน้มสูงขึ้น แผนผังกำแพงกันน้ำต้องมีพร้อม

แผนการป้องกันน้ำท่วมที่ได้ประโยชน์ในชีวิตประจำวันคือการสร้างท่อระบายน้ำฝนให้เพียงพอจะต้องเป็นน้ำฝนอย่างเดียวไม่มีน้ำเสีย ท่อระบายน้ำฝนสามารถระบายลงแม่น้ำลำคลองได้อย่างปลอดภัย

Но есть более плохие новости для Бангкока, поскольку открытия глобального потепления продолжаются. Национальный Географический журнал сентября 2013 упоминал сомнения с возможностью, что уровень моря может подняться на больше чем 2 метра выше настоящего уровня в 2100. Страна или город должны контролировать уровень моря постоянно. Это приносит еще один вопрос: столица должна двигаться в более высокое местоположение? Исторический Бангкок как Rattana Kosin Остров и много других районов, должен быть защищен. Если уровень моря продолжает повышаться, справляться с планированием морских стен должно быть готово.

Flooding

Flooding in Bangkok is a problem. In a low lying flat land with high underground water flooding is always there, big or small.

There are remarks from the experts: Human shouldn't settle where the natural disaster is. Bangkok – flooding, Florida – hurricanes, Oklahoma – tornadoes, Indonesia - volcanic eruptions. These areas are all prone to the natural disasters.

But the problem is that nowadays, we cannot desert a place once is settled. It's unlike when the toilet was full in prehistoric times. We put so much heart and soul into the place; Bangkok, Florida, Oklahoma, or Indonesia cannot be deserted.

But there is more bad news for Bangkok as global warming studies continue. "However, the impact of rising sea temperatures on melting ice sheets is still uncertain, meaning it remains difficult to put an upper limit on potential sea level rises. Understanding the risk is crucial because about 70% of the world's population lives in coastal regions, which host many of the world's biggest cities, such as London, New York and Bangkok." It is possible that at one point many more cities will be under the water if not surrounded by dikes like the Netherlands. Some studies indicate the time frame of 3,000 years. But the National Geographic magazine of September 2013 mentioned uncertainties with a possibility that the sea level can move up 6.6 feet (more than 2 meters) above the present level in 2100. The country or the city shouldn't only watch for the flooding by rain from the north, but it must also monitor the sea level constantly. This uncertainty brings another question: Should the capital move to a higher ground? But regardless, historic Bangkok like the Rattana Kosin Island and many other districts, need to be protected. If the sea level continues to rise, master planning for sea walls must be in place.

The more practicle flooding prevention for every day life is to build adequate storm drains. This must be just storm drains, no sewers. All storm drains can be drained directly and safely into the rivers and canals.

บทที่ ๑๐

Ищите Пейзаж оттенка Солнца и деревья

สนับสนุนร่มเงาต้นไม้

ต้นไทร ที่ไทรงามอำเภอพิมาย ในจังหวัดนคราชสีมา เป็นตัวอย่างที่น่าสนใจและเห็นชัดในต้นไม้เมืองร้อนที่กลั่นกรองแสงแดดอย่างมีประสิธิภาพ วันที่ร้อนและแดดจ้า เราจะพบว่าร่มไทรเย็นสบาย ทั้งนี้เป็นเพราะรูปร่างของต้นไทร ต้นไทรเป็นต้นไม้ที่เติบโตแผ่ขยายโดยใช้รากอากาศห้อยกลับลงดิน ดูเผินๆจะเหมือนต้นไทรอีกต้นหนึ่ง เมื่อรากอากาศเหล่านี้มีจำนวนมากพอ ผู้ที่อยู่ใต้ต้นไทรจะมีความรู้สึกเหมือนอยู่ใต้เรือนใต้ถุนสูง ใต้เรือนใต้ถุนสูงที่เรานอนเปลญวนหลบร้อน

Chapter 10

Баньян, в Sai Ngam, Pimai, Власть Nakorn, Sima является интересным примером и чистой демонстрацией того, как тропические деревья управляют солнцем эффективно.

Promote Sunshade Landscaping and Planting

The banyan tree Sai Ngam, Pimai, Nakorn Raj Sima is an interesting example and clear demonstration of how tropical plants manage the sun efficiently. On a hot sunny day, we will find a comfortable zone under a banyan tree. This is because of the tree form. The banyan is a type of tree that reproduces or spreads by connecting air roots to the ground. A casual look makes it appear like another tree. With so many roots, those who sit under the tree will feel like they are under houses on stilts in the space where they lay in hammocks, safe from the heat.

ในฤดูหนาว เมืองหนาว

คนสัตว์และพืชต้องการความอบอุ่นจากแสงแดด ต้องการพลังงานจากแสงแดดในการดำรงชีวิต

ในเมืองร้อน แดดร้อน

เราต้องการต้นไม้ที่ให้ร่มเงาในการคลายความร้อนในสถานที่นอกอาคาร

ต้นไทร ที่ไทรงามอำเภอพิมาย ในจังหวัดนคราชสีมา เป็นตัวอย่างที่น่าสนใจและเห็นชัดในต้นไม้เมืองร้อนที่กลั่นกรองแสงแดดอย่างมีประสิทธิภาพ วันที่ร้อนและแดดจ้าเราจะพบว่าร่มไทรเย็นสบาย ทั้งนี้เป็นเพราะรูปร่างของต้นไทร ต้นไทรเป็นต้นไม้ที่เติบโตแผ่ขยายโดยใช้รากอากาศห้อยกลับลงดิน ดูเผินๆจะเหมือนต้นไทรอีกต้นหนึ่ง เมื่อรากอากาศเหล่านี้มีจำนวนมากพอ ผู้ที่อยู่ใต้ต้นไทรจะมีความรู้สึกเหมือนอยู่ใต้เรือนใต้ถุนสูง ใต้เรือนใต้ถุนสูงที่เรานอนเปลญวนหลบร้อน

แต่เป็นที่น่าเสียดายที่เราไม่รักษาธรรมชาติหรือป่าสงวนให้ไทรงาม เรานำวัตถุอย่างอื่นเข้ามาเพื่อดึงดูดการท่องเที่ยว การนำสิ่งก่อสร้างดอกไม้ธูปเทียนเข้ามาผสมในร่มไทร ทำให้เรา (โดยเฉพาะลูกหลาน) เข้าใจธรรมชาติป่าเขาในเมืองร้อนที่เป็นเรื่องน่าศึกษาไขว้เขวไปเป็นศาสน-ไสยวัตถุ กระดาษดอกไม้ธูปเทียนเพิ่มอันตรายจากเพลิงไหม้ เพิ่มภาระให้เจ้าหน้าที่ดับเพลิงโดยไม่คุ้มค่า เราเสียทั้งป่าที่สะอาด เสียจุดเด่นในการศึกษาความจริง แถมยังต้องระวังไฟไหม้

In the winter of cold countries, man, animal and plants need the warmth from the sun. They need energy from the sun to live.

In hot countries, the sun is hot. We need shade trees for relief from the heat in outdoor spaces.

В горячих странах, солнце горячо. Мы должны заштриховать деревья для помощи от высокой температуры в открытых площадях.

The banyan tree Sai Ngam, Pimai, Nakorn Raj Sima is an interesting example and clear demonstration of how tropical plants manage the sun efficiently. On a hot sunny day, we will find under a banyan shade a comfortable zone. This is because of the tree's shape. Banyan is a type of tree that reproduces or spreads by connecting air roots to the ground. A casual look makes it appear like another tree. With so many roots, those who are under the tree will feel like they are under houses on stilts because that space, underneath those houses, allows them to lay on hammocks, safely from the heat.

But it is a pity that we did not preserve the natural setting or the forest for the beautiful banyan. We introduced extraneous material for sensational tourism. Introducing shelters, paper flowers, incenses and candles into the mix confuses (especially our children) the natural educational material of the tropical forest with the religious-superstitious imagination. Worshipping paper, flowers, incenses and candles add fire hazards to banyan trees. It adds burdens to fire officers without proper returns. We lost both the clean forest and the focus in education and the truth. And yet we have to watch the fire.

Бангкок - горячий город. Banglumpoo - горячий город.
Солнечная высокая температура - проблема. Это бросает
вызов нам обоим день и ночь.

URBAN TREES SHOULD BE PRIORITIZED FOR HUMAN SUN SHADE. THIS IS A BAD APPLICATION OF SHADING LANDSCAPE. IT SHOULD HAVE BEEN SOMEWHERE ELSE WHERE PEDESTRIAN IS MOSTLY PRESENT.

ฤดูร้อนที่ฟลอริด้า (อเมริกา) ตอนใต้ **ร้อน**ไม่แพ้กรุงเทพฯ ไม่แพ้บางลำพู ผิวถนนจราจร ผิวลานจอดรถร้อนมาก การปลูกต้นไม้ไม่ได้กันแดดให้ผู้คน แต่ไปกันแดดให้ผักหญ้าและกองขยะ

กรุงเทพฯเป็นเมือง**ร้อน** บางลำพูเป็นเมืองร้อน ความร้อนที่ได้จากดวงอาทิตย์เป็นสิ่งที่ท้าทายเรา ท้าทายบ้านเมืองทั้งกลางวันและกลางคืน การหลบเข้าไปอยู่แต่ในห้องที่มีเครื่องปรับอากาศไม่ใช่คำตอบ เมืองที่ดีจะต้องให้โอกาศผู้ใช้ทั้งในและนอกอาคาร เมืองที่ตกเป็นเมืองขึ้นของเครื่องปรับอากาศจะเป็นเมืองที่ล้มเหลว กลางวันร้อนเพราะแสงแดด พอตกกลางคืนเราหวังจะได้ความเย็นจากแสงเดือนและแสงดาวมาแก้ร้อน แต่กลางคืนเป็นเวลาที่เมืองคายความร้อน กลางคืนเป็นเวลาที่กรุงเทพฯคายความร้อน กรุงเทพฯคือคอนกรีตก้อนใหญ่หรือปูนซีเมนต์ถุงใหญ่ที่ถูกแดดเผาทั้**ง**วัน ผิวถนน ผนังตึก หลังคาจะเก็บความร้อนเป็นสัดส่วนกับปริมาตร์ และนำหนักของมัน เมื่อสิ้นแสงแดดของแต่ละวันความร้อนจะระบายออกจากถนนและตึกราม ตอนนั้นเราหวังที่จะได้รับลมเย็น แต่พบว่าบ้านเมืองร้อนอบอ้าว เมื่อเคยชินกับความอบอ้าวเราสรุปว่าเป็นธรรมชาติของลมฟ้าอากาศ ความจริงเป็นเพราะว่าเราสร้างปูนซีเมนต์ถุงใหญ่ขึ้น เราสร้างเมืองใหญ่เราสร้างปัญหาความร้อนอบอ้าวขึ้น

Лето в южной Флориде (США) горячо. Поверхности шоссе, поверхности парковки очень горячи. Рост дерева не в состоянии обеспечить оттенок для людей.

Summer in southern Florida (USA) is hot, not any less than Bangkok, not any less than Banglumpoo. Traffic surfaces, parking lot surfaces are very hot. Tree planting arrangement fails to provide shade for people, but instead provides shade to grass, weeds and trash on those islands.

Bangkok is a hot city; Banglumpoo is a hot city. Solar heat gain is a challenge. It challenges us both day and night. Hiding in airconditioned spaces is not the answer. Good cities must offer users the opportunities to use both the inside and the outside of the buildings. Cities that become hostages to air conditioners are ones that fail. It's hot during the day because of the sun. At night we all hope to have a break, enjoying cool air, looking at the moonlight and the starlight. But at night it's the time the city releases the solar heat. Bangkok releases its solar heat at night. Bangkok is a massive concrete piece or an enormous size cement bag that's baked in the sun all day. Streets surfaces, building walls, and roofs store solar heat in proportion to their quantities and weights. When the sun light ends each day solar heat is released from streets and buildings. That's the time we all hope to enjoy cool breeze but instead we find the suffocating heat. After getting used to the suffocating heat, we assume that it's the given weather. The truth is that it occurs because we built this giant cement bag. We built the big city; we created the suffocating heat.

กลางวันร้อนเพราะแสงแดด พอตกกลางคืนเราหวังจะได้ความเย็นจากแสงเดือนและแสงดาวมาแก้ร้อน แต่กลางคืนเป็นเวลาที่เมืองคายความร้อน กลางคืนเป็นเวลาที่กรุงเทพฯคายความร้อน กรุงเทพฯคือคอนกรีตก้อนใหญ่หรือปูนซีเมนต์ถุงใหญ่ที่ถูกแดดเผาทั้งวัน ความร้อนจากดวงอาทิตย์เดินทางอย่างไร ดูได้จากรูปเขียนข้างล่าง

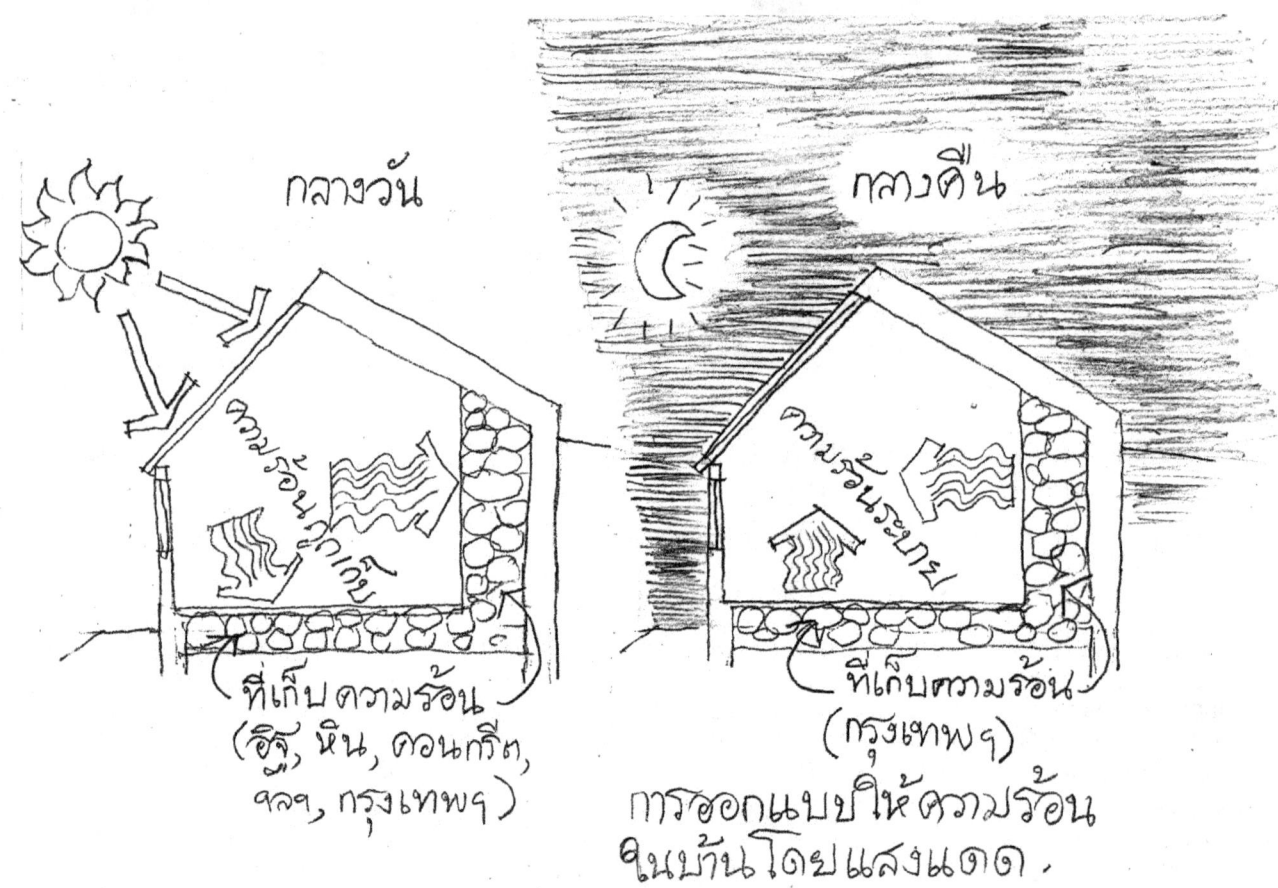

Бангкок выпускает его солнечную высокую температуру ночью. Бангкок - массивное солнечное хранение высокой температуры, это испечено на солнце весь день.

It's **hot** during the day because of the sun. At night we all hope to have a break, receiving cool air, looking at the moonlight and the starlight. But at night it's the time the city releases the solar heat. Bangkok releases its solar heat at night. Bangkok is a massive concrete piece or an enormous size cement bag that's baked in the sun all day. To understand how the solar heat travels, see the diagram below:

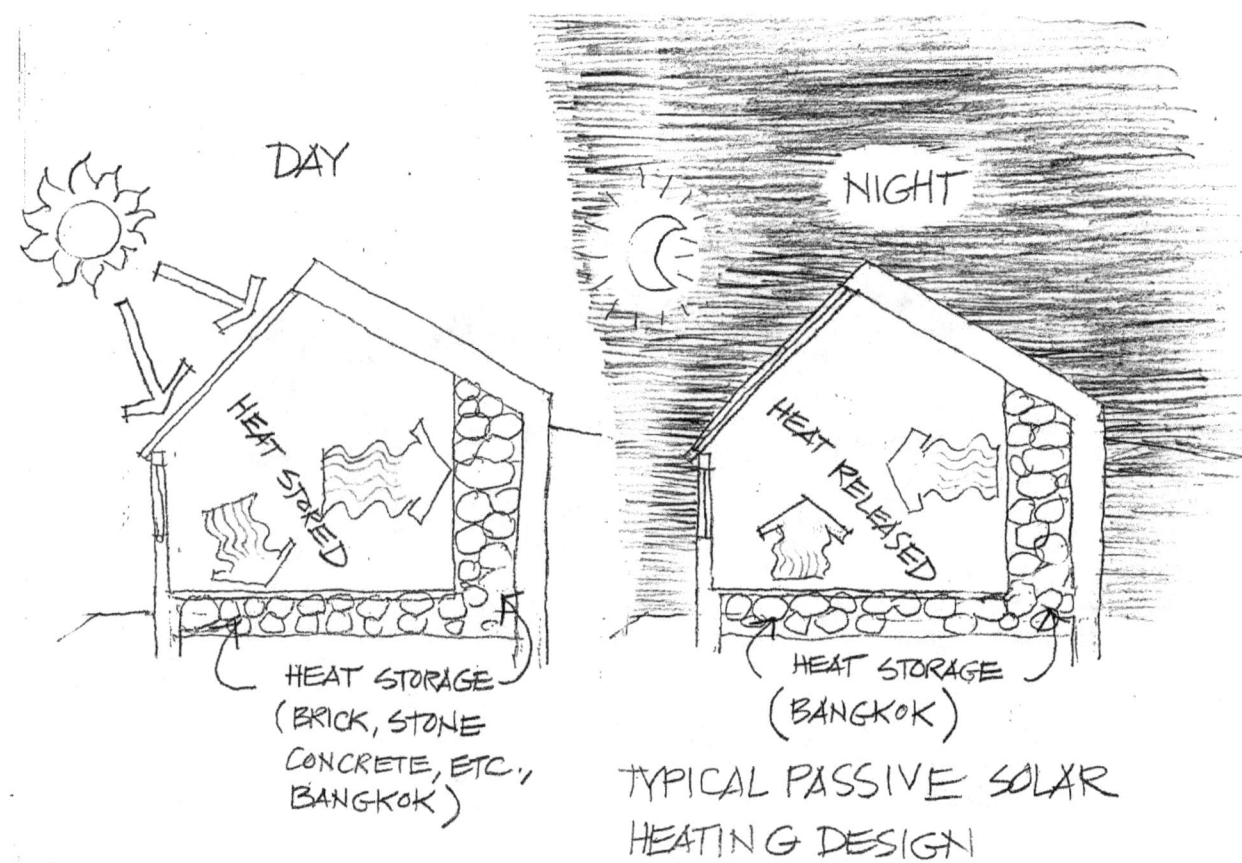

Бангкок выпускает его солнечную высокую температуру ночью. Бангкок - массивное солнечное хранение высокой температуры, это испечено на солнце весь день.

คุณภาพของร่มเงา: คุณภาพต่ำ

นี่คือตัวอย่างที่เลวที่สุดแห่งหนึ่งของการปลูกต้นไม้ในเขตร้อน เป็นลานจอดรถพาณิชย์ใน เมืองโบนิต้าสปริงส์ รัฐฟลอริด้า สหรัฐอเมริกา การปลูกไม่สร้างร่มเงาที่คนหรือรถจะใช้ได้

สังคมสำคัญผิดที่ให้ระดับความสำคัญสวนสาธารณะสูงกว่าลานจอดรถพาณิชย์:

เราใช้เวลาและความพากเพียรในการออกแบบสวนสาธารณะมากมาย แต่ไม่พยายามในแบบลานจอดรถ เราต้องการสวนที่สวยงาม มี ประโยชน์ ร่มรื่น ฯลฯ เราผลิตลานจอดรถที่เลวที่สุด เราไม่เคยถามว่าเราไปสวนสาธารณะปีละกี่ครั้ง? เราใช้ลานจอดรถพาณิชย์ปีละกี่ครั้ง? การขาดเหตุผลเช่นนี้ต้องเปลี่ยน

Quality of shade: POOR

This is one of the worst examples of planting trees in hot regions. A commercial parking lot, Bonita Springs, Florida, USA. It gives no shade where the people or cars are.

Мы хотим, чтобы парки были красивыми, функциональными, теневой, и т.д. Мы проектируем паршивые стоянки.

Societies incorrectly prioritiZe parks over parking lotS:
We spend more time and effort designing parks instead of parking lots. We want parks to be beautiful, functional, shady, etc. We design lousy parking lots. We have never asked how many times a year do we go to the parks? How many times a year do we go to the parking lots near the store? This has to change.

คุณภาพของร่มเงา: ดีปานกลาง

ต้นไม้ที่เติบโตมากมายที่สวนมหาราชรอบวังแวร์ซายล์ ฝรั่งเศส ให้ร่มเงาดี สวนนี้เป็นแบบของ อังเดร เลอ นอเต้ (พศ ๒๒๐๔-๒๒๙๙) ภายใต้หลุยส์ ที่ ๑๔ (หลุยส์มหาราช พศ ๒๑๘๑-๒๒๕๘) เป็นที่รู้กันว่าสวนนี้เป็นวัฒนธรรมชิ้นเยี่ยมที่ฝรั่งเศสมีส่วนให้แก่ยุโรป และเป็นชิ้นส่วนหนึ่งของสถานที่มรดกโลกด้านวัฒนธรรมซึ่งยอมรับโดยยูเนซโก้ในปี พศ ๒๕๒๒

Выросшие деревья в Версале, Большой Сад обеспечивает хороший оттенок.

Quality of shade: AVERaGE

Grown up trees at Versailles Great Garden provide good shade. The Great Garden was the design of Andre Le Notre (1661-1756) under Louis XIV (Louis the Great,1638-1715). It is known as a France's finest contribution to European culture, and of course, an integrated part of the world's "cultural" heritage sites as designated by UNESCO in 1979.

Версальский Большой Сад был разработан Андр Ле Нотр (1661-1756) при Луи XIV (Луи Великое, 1638-1715). Это известно как самый прекрасный вклад Франции в европейскую культуру.

Courtesy of Freephotooftheday.com

คุณภาพของร่มเงา: ดีปานกลาง

นิวตั้น แมสซาชูเสตส์ (สหรัฐอเมริกา) ให้ชื่อตัวเองว่าเป็นเมืองต้นไม้ ถนนเกือบทุกสายมีต้นไม้ที่เจริญเติบโตมาก (ปลูกระหว่างถนนกับทางเท้า) หน้าร้อนนิวตั้นเย็นสบาย กรุงเทพฯหรือบางลำพูเป็นเมืองในเขตร้อนควรจะนำนโยบายนี้มาใช้ ไม่ใช่ของยาก

Ньютон, Штат Массачусетс (США) называет себя городом-садом.

Quality of shade: AVERAGE

Newton, Massachusetts (USA) calls itself a garden city. Most streets have overgrown trees (planted between the streets and sidewalks). Summer is cool in Newton. Bangkok or Banglumpoo, a tropical city, should adopt this policy. It's not difficult.

Лето прекрасно в Ньютоне. Бангкок или Banglumpoo, тропический город, должны принять эту политику. Это не трудно.

As honored by Vipada Nimboonchaj

คุณภาพของร่มเงา: คุณภาพสูง

ไทรงาม อำเภอพิมาย ในจังหวัดนครราชสีมา เป็นร่มไม้ที่ดีมาก ต้นไทรสร้างกลุ่มก้อนใบได้เหมือนก้อน ฟองน้ำยักษ์ ทำหน้าที่เหมือนฉนวนกันความร้อน เดินเข้าไปใต้ต้นไทรในวันที่ร้อนมากๆจะเป็นประสบการณ์ที่ คุ้มค่า เหมือนเดินเข้าไปในห้องที่มีเครื่องปรับอากาศ

Дерево формирует группы как гигантская губчатая масса, действующая как тепловой материал изоляции. вхождение под деревом баньяна в теплый день - полезный опыт. Это походит на охлажденную атмосферу механического воздуха.

ด้วยความเข้าใจและพากภูมิใจในสภาวะแวดล้อมความเป็นอยู่ของเมืองร้อน กรุงเทพฯหรือบางลำพูสามารถที่จะชื่นชมพืชผลที่ฉลาดในการนำต้นไทรมาใช้ได้ ในหลายๆที่ ต้นไทรเป็นพืชเมืองร้อนที่จะอยู่กับเราได้ดี

Quality of shade: ABOVE AVERAGE

Sai-Ngam (Beautiful Banyan), Pimai, Nakorn Rajsima, is an excellent shading tree. The tree forms leave clusters like a gigantic spongy mass acting like thermal insulation material. Stepping under a banyan tree in a warm day is a rewarding experience. It's like a mechanical aircooled space.

Sai-Ngam (Красивый Баньян), Pimai, Nakorn Rajsima, является превосходным заштриховывающим деревом.

With the appreciation and pride of the tropical living environment, Bangkok or Banglumpoo can enjoy the clever impact of banyan trees placed in strategic locations. It's a native plant that can coexist with us very well.

คุณภาพของร่มเงา: คุณภาพสูงมาก

เซ้นท์ปีเตอร์ กรุงโรม มีห้องโถงในโบสถ์ที่ใหญ่มาก โบสถ์สมเด็จพระสันตะปาปายาว ๒๒๐ เมตร กว้าง ๑๕๐ เมตร จุดสูงสุด ๑๓๘ เมตร ผ่าศูนย์กลางภายนอกโดม ๔๒ เมตร ภายในโดม ๔๑.๕ เมตร เดินเข้าไปในโบสถ์ในวันฤดูร้อนจะชื่นใจ เย็นสบาย เมื่อห้องโถงมีขนาดใหญ่อยู่ในร่ม อุณหภูมิจะคงที่ทางด้านเย็น นี่เป็นคุณภาพของร่มเงาที่ดีมากที่ควรจะมีใช้ในเวลาและสถานที่ๆร้อน ที่กรุงโรม ที่กรุงเทพฯ จะได้ผลเช่นเดียวกัน

Святой Петр в Риме размещает огромный воздушный объем.

Quality of shade: Superior

St. Peter's in Rome houses an enormous air volume. The Papal Basilica is 730 ft (220m) L, 500 ft (150m) W, maximum height 452 ft(138m), Dome diameter, outside 137.7 (42.0m), inside 136.1 ft (41.5m). Stepping into the Basilica on a hot summer day is a relief. It's cool inside. When the air volume under shade is large the temperature is very stable on the cool side. This is a superior example of what shades should be in a hot time/place. It can be in Rome; it can be in Bangkok. It always works the same way.

Ходьба в Базилику в горячий летний день - помощь. Это - клево внутри.

เป็นที่เข้าใจกันว่าประชาชนและบ้านเมืองสนใจในการสร้างความร่มเย็นให้กับบางลำพู ถึงแม้ไม่ทำให้ทั้งกรุงเทพฯก็ตาม มีหลักฐานที่เห็นจากหนังสือสีสันบางลำพู หนังสือที่พิมพ์โดยสำนักผังเมือง กทม หนังสือเล่มนี้เขียนถึงการปรับปรุงในเนื้อที่ ๓๔๐ ไร่ ใน หน้า ๔๗ (ข้างล่าง) ได้แสดงรูปเขียนต้นไม้และโครงสร้างคล่อมถนน เป็นการแสดงออกของความต้องการสีเขียวและร่มเงา

Должно пониматься, что это находится в людях и лучшем интересе города охладить Banglumpoo, если не Бангкока.

ด้วยความเอื้อเฟื้อจากสีสันบางลำพูหน้า ๔๗ (ล่าง)

It should be understood that it's in the people's and the city's best interest to cool down Banglumpoo, if not the entire city of Bangkok. This can be seen from Sri San Banglumpoo, a book by the Office of City Planning, BMA. It discuses improvements in the areas of 136 acres (or 340 Rai). On page 47 (lower), the book shows a sketch of a green space and a trellis structure covering a street. This hints of certain desires for shading or planting.

На странице 47 (противоположная страница), книга показывает эскиз зеленых деревьев и структур, покрывающих улицу. Это намекает из определенных желаний заштриховать или прививать.

Книга показывает прошлые и настоящие фотографии и графику, представление стиля туризма. Но к сожалению или к счастью фотографии не могут сказать, как горячий Banglumpoo является или был.

หนังสือแสดงรูปถ่ายรูปเขียน อดีตและปัจจุบัน เป็นการเสนอทำนอง การท่องเที่ยว แต่เป็นที่น่าเสียดายและไม่น่าเสียดายที่รูปภาพบอกไม่ได้ว่าบางลำพูร้อนและเคยร้อนแค่ไหน ในชีวิตจริงบางลำพูใช้เครื่องปรับอากาศตลอดฤดูร้อน ถ้าไม่ทั้งปี แต่นั่นเป็นพื้นที่ภายในอาคาร ข้างนอกยังแก้ปัญหาไม่ได้ สภาพนี้เหมือนกับหน้าร้อนที่ลาสเวกัส รัฐเนวาด้า สหรัฐอเมริกา สิ่งที่แตกต่างคือบางลำพูมีฝน ลาสเวกัสไม่มีฝน บางลำพูเย็นสบายหลังฝนตก

ถ้าบ้านเมือง กทม ตัดสินใจสร้างความร่มเย็นให้บางลำพูแห่งเดียว บางลำพู จะเป็นสีเขียวกลางทะเลทรายท่ามกลางกรุงเทพฯเมืองร้อน บางลำพูมีแนว โน้มดึงดูดคนมากขึ้น บางลำพูจะหนาแน่นจนไม่น่าอยู่

เราจะสร้างความร่มเย็นให้กับบางลำพูหรือกรุงเทพฯได้อย่างไร? ประเด็นที่จะลดความร้อนอบอ้าวบ้านของเมืองคือ: **ต้นไม้ สร้างเมืองต้นไม้ น้ำ เมืองน้ำพุ**-น้ำคลอง และการจราจร **เมืองจราจรที่ฉลาด** (อ่านการจราจรในบทที่ **๑๑**)

๑) ต้นไม้ การนำนโยบายเมืองต้นไม้เข้ามาใช้จะเป็นแนวทางที่สำคัญ เขียนกฎข้อบังคับสำหรับภูมิสถาปัตย์ต้นไม้ บังคับทั้งส่วนรัฐ และเอกชน ทั้งเก่าและใหม่ ทำงานกับภูมิสถาปนิกและวิศวกรโยธาที่เชี่ยวชาญงานในเมืองร้อน วางหลักการปลูกต้นไม้ที่ผู้คนใช้ได้ ในเมืองเก่าพิจารณาเนื้อที่ระหว่างถนนกับทางเท้า สร้างเกาะกลางถนน ถึงแม้จะทำให้แนวลู่จราจรแคบหรือทำให้การจราจรช้าลง ในเมืองใหม่บ้านเมืองต้องมีโอกาสสูงในภูมิสถาปัตยต้นไม้ กฎข้อบังคับต้องสร้างความเข้าใจของความร้อนจากแสงแดด ร่มเงา มาตรฐานความกว้างของทางเท้า พื้นที่ๆเพียงพอเพื่อสร้างเกาะกลางถนน วัสดุทางเท้า เปิดทางให้ใช้น้ำ และรักษาคลองให้สะอาด

Как может Banglumpoo или Бангкок быть охлажденным? Факторы, которые уменьшили бы городскую высокую температуру: Деревья: Город-сад. Вода: Город Канала фонтана. И Шикарный автомобильный транспортный Город (прочитанный об этом в Главе 11).

The book shows past and present photographs and graphics, a presentation of tourism flavors. But unfortunately, or fortunately, the pictures cannot tell how hot Banglumpoo is or has been. In reality Banglumpoo runs air conditioning the entire summer if not the entire year. But that's the indoor space only; the outdoor space is still problematic. This condition is similar to summer in Las Vegas, Nevada, USA. The difference is it rains in Banglumpoo and not in Las Vegas. Banglumpoo cools down after a good rain.

But if the city, BMA, decides to cool down just Banglumpoo, the district would be like an oasis in a very warm Bangkok and would tend to attract more people. Banglumpoo could get overcrowded.

How can Banglumpoo or Bangkok be cooled down? The factors that would reduce the city's heat are: **Trees:** Garden City. **Water:** Fountain-Canal City. And Smart-Automobile-Traffic City (read about this in Chapter 11).

1) Trees: Adopting Garden City policy can be one important direction. Write new regulations for urban landscape-planting for government and private neighborhoods, existing and new. Work with landscape architects and civil engineers who specialize in urban landscape for tropical regions. In principle, plant trees where people can benefit. In existing urban areas consider using spaces between streets and sidewalks. Create median strips even if this would mean narrowing down traffic lanes or slowing down the traffic speed. In new neighborhoods, the city must have much more landscaping opportunities. Make sure the regulations include understanding of solar heat gain, shade and shadow, good sidewalk widths, adequate spaces for median strips, paver materials, potential use of water, and keeping the canals clean.

๒) น้ำ เมืองน้ำพุ-น้ำคลอง ได้อธิบายแล้วในบทที่ ๙ (๗.๔) การนำน้ำมาใช้ในรูปของน้ำพุเป็นการลดความร้อนในอากาศอีกประการหนึ่ง แทนที่จะใช้น้ำประปา น้ำพุเหล่านี้ได้น้ำมาจากคลอง ประการแรกฆ่าเชื้อโรคก่อนที่จะนำมาใช้ แล้วจึงสูบส่งไปที่เป้าหมาย-น้ำพุ ฉีดไปในอากาศ ได้รับอ๊อกซิเจ้น แล้วไหลกลับลงคลอง บ้านเมืองจะเย็นลง คลองจะไหลหมุนเวียน น้ำจะถูกกำจัดเชื้อโรค สะอาดขึ้น ผสมกับอากาศและได้รับอ๊อกซิเจ้น การทำงานทั้งหมดใช้พลังงานที่ได้มาจากดวงอาทิตย์

Вода сначала дезинфицирована, накачана к фонтанам, проветривала и окисляла, затем течь назад к каналам.

Город остывает, каналы циркулируют, вода дезинфицирована, чиста, проветривала и окисляла. Все операции являются солнечными.

2) Water: Fountain-Canal City. As discussed in Chapter 9 (7.4), introducing water in the form of fountains is an additional means of removing heat from the air. Instead of using the city's water supply, these fountains are fed by water from canals. The water is first disinfected, pumped to the fountains, aerated and oxygenated, then drained back to canals. The city is cooling off, the canals are circulating, the water is disinfected, clean, aerated and oxygenated. All operations are powered by the sun.

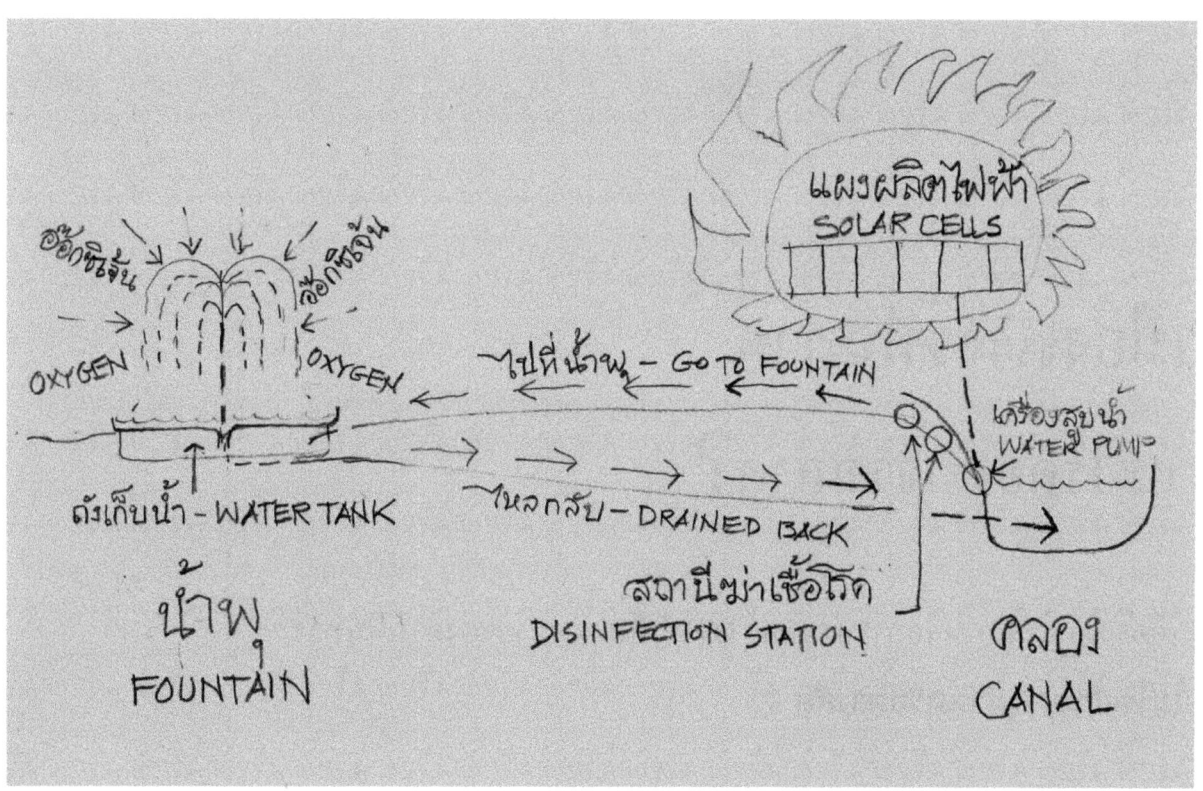

บทที่ ๑๑

Шикарный автомобильный транспортный Город:
Что это означает?

เมืองจราจรที่ฉลาด

อะไรคือจราจรฉลาด?

เมืองจราจรที่ฉลาดคือการทำบางลำพูให้เป็นจุดหมายของการเดินทาง ไม่ใช่เป็นทางผ่านหรือทางลัด

Chapter 11

Шикарный автомобильный транспортный Город должен сделать Banglumpoo предназначением не соседство, чтобы пройти на пути к где-нибудь или районе для shortcuts.

Smart-Automobile-Traffic City: What does this mean?

Smart-Automobile-Traffic City is to make Banglumpoo a destination not a neighborhood to pass through on the way to somewhere else or a place for shortcuts.

Однажды утром, один начальник отдела BMA был, пробуждают от его кровати строительным шумом, только узнать, что это был первый день построенной гостиницы, планировавший, чтобы построиться прямо рядом с его домом.

๓) การจราจร เมืองจราจรที่ฉลาด อะไรคือจราจรฉลาด? หลายๆซอยบนถนนสุขุมวิทเป็นซอยตัน ผู้อยู่ในซอยเหล่านี้อยู่ด้วยความไม่สมบูรณ์ เข้าออกซอยได้ทางเดียวคือถนนสุขุมวิท อีกหลายๆซอยเป็นซอยเปิด ผู้อยู่สามารถเลือกเข้าออกได้ทั้งสุขุมวิทและถนนอีกด้านหนึ่ง และเป็นความรู้ สึกที่สมบูรณ์ จริงหรือ?

จริงสำหรับบางคน ไม่จริงสำหรับบางคน ประเด็นนี้ขึ้นอยู่กับผู้นั้นเป็นใครและกำลังทำอะไรอยู่ กฎหมายการใช้สอยที่ดินในกรุงเทพฯไม่ตรงไปตรงมาตั้งแต่วันแรก ซอยเหล่านี้อยู่ภายใต้กฎหลวมๆ มีการใช้ที่ดินรวมๆ หลายชนิด ธุรกิจ อุตสาห กรรม และบ้านพักอาศัย บ้านพักบางแห่งสร้างติดโรงพยาบาล เช้าวันหนึ่งหลายสิบปีมาแล้วหัวหน้ากองท่านหนึ่งใน กทม ตื่นขึ้นจากเตียงนอนด้วยเสียงงานก่อสร้าง และพบว่าวันนั้นเป็นวันแรกของการก่อสร้างโรงแรมติดกับบ้านของท่าน เมื่อซอยเข้าออกซอยได้หลายทาง สิ่งที่ตามมาก็คือซอยนั้นจะถูกใช้ไปในทางที่ผิด เป็นทางลัด ซอยเหล่านี้จำเป็นต้องรับการจราจรผิดๆมากขึ้นจากการใช้ผิดๆนี้ ยกตัวอย่างสุขุมวิท ๙๓ รถเป็นจำนวนมากรู้ว่าซอยนี้เป็นทางลัดจากถนนสุขุมวิทไปสู่อีกด้านหนึ่งของกรุงเทพฯ จำนวนรถสูงกว่าปรกติ ธุรกิจและการค้าจะได้ประโยชน์จากสภาพนี้ แต่สำหรับผู้ที่อาศัยอยู่ในซอยนี้เหมือนเป็นการถูกทำโทษ เมื่อตุ๊ก-ตุ๊กผ่านเข้ามาคนจะพูดกันไม่รู้เรื่อง วันที่จราจรมากเป็นพิเศษวันนั้นผู้คนจะพูดกันไม่ได้ตลอดบ่าย

เมืองจราจรที่ฉลาดคือการทำบางลำพูให้เป็นจุดหมายของการเดินทาง ไม่ใช่เป็นทางผ่านหรือทางลัด นึกถึงภาพนี้: ท่านเดินทางจากธนบุรี (บางกอกน้อย) ผ่านสะพานพระปิ่นเกล้าเพื่อไปเทเวศ ตามปรกติเมื่อข้ามแม่น้ำมาได้ท่านจะเลี้ยวซ้ายตรงเข้าถนนจักรพงษ์ตรงไปเทเวศ การจราจรนครหลวงจะภาคภูมิใจกับเส้นทางสายนี้จากบางกอกน้อยไปเทเวศ แต่นั่นเป็นมุมมองของการจราจรนครหลวง

Возьмите Sukumvit 93 например; многие знают это как короткое сокращение от Дороги Sukumvit до другой стороны Бангкока. Движение необычно высоко. Деловые или розничные операции могут извлечь выгоду из этого; но жители наказаны этим. То, когда Tuk Tuk идут Вами, не может услышать вашу собственную речь в беседе. В плохой день, Вы не можете быть в состоянии говорить весь полдень.

3) Smart-Automobile-Traffic City: What does this mean?

Many Soi(s) in Sukumvit Road are dead ended. Residents live with the limitation; they only access their places from the Sukumvit Road. A few Soi(s) are open ended. The residents can choose to go out through both Sukumvit Road and the others; and they feel no limit. Really?

For some it is, for others it is not. This depends on who you are and what you do. Bangkok zoning has never been straight forward from day one. Most Soi(s) are loosely zoned for a mixed variety of businesses, industries, and residences. Some residences are built next to hospitals. One morning, many years ago a department's head of BMA was awaken from his bed by construction noise, only to find out that it was the first day of a hotel construction, scheduled to be built right next to his home. When Soi(s) are accessible from several streets, chances are the Soi(s) can be abused as shortcuts. They are subject to much more abusive traffic volume from such an abusive routine. Take Sukumvit 93 for instance; many know this as a shortcut from Sukumvit Road to the other side of Bangkok. The traffic is unusually high. Business or retail operations may benefit from it; but the residents are punished by it. When the Tuk Tuk go by you cannot hear your own speech in a conversation. On a bad day, you may not be able to talk the entire afternoon.

Smart-Automobile-Traffic City is to make Banglumpoo a destination not a neighborhood to pass through on the way to somewhere else or a place for shortcuts. Imagine this: You travel from Thonburi (Bangkok Noi) by Pra Pin Klao Bridge to Tewet. Naturally, once crossing the river, you will turn left on to Chakarpongs Road to Tewet. The Greater Bangkok traffic department is pleased for the route from Bangkok Noi to Tewet this way. But that's from the Greater Bangkok standpoint.

Ясно Вы берете сокращенное через сердце Banglumpoo. Никто не высказывается против этой политики, потому что Banglumpoo не нанимает никаких транспортных инженеров, чтобы защитить против этого.

ภาพนี้ชัดเจนที่ท่านและอีกหลายๆคนตัดทางลัดเข้าใจกลางบางลำพู ไม่มีใครคัดค้านนโยบายนี้เพราะไม่มีวิศวกรจราจรท่านใดที่ทำงานให้บางลำพู ไม่มีผู้ที่เป็นกระบอกเสียงให้ตำบลเล็กตำบลน้อย การตัดทางลัดมีอยู่ทั่วไป นี่คือความผิดพลาดประเด็นหนึ่งในหลายๆประเด็นของวิศวกรรมการจราจร ถ้านโยบายนี้ไม่เปลี่ยนแปลง ทางลัดเข้าสุขุมวิท ๙๓ เข้ากลางบางลำพูจะดำเนินต่อไป

ที่บางลำพูถนนจักรพงษ์ต้องเปลี่ยนแปลง เกาะกลางถนนจะต้องเกิดขึ้นที่ถนนนี้และถนนพระสุเมร แนวรู่จราจรจะต้องแคบลง และทำให้เหมาะสมกับธุรกิจท้องถิ่นและลูกค้า และไม่ใช่ทางด่วน ผู้ที่จะไปเทเวศจะใช้เวลามากขึ้น หรือต้องหาทางอื่น

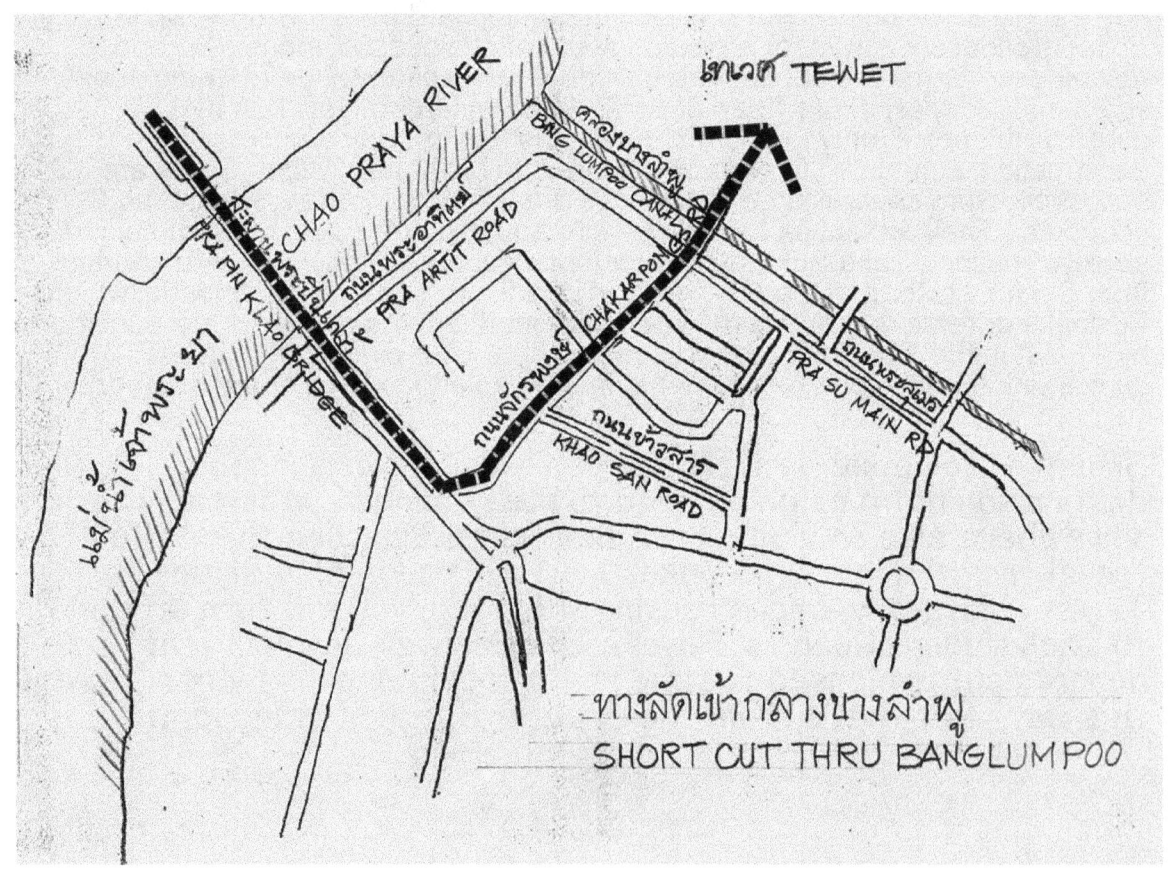

В Banglumpoo, должна измениться Дорога Chakarpongs. Разделительные полосы должны быть введены здесь так же как в Pra SuMain Дорога. Полосы движения должны быть более узкими и предоставить себя местным жителям и покупателям, а не для движения, чтобы пройти. Те, предназначение которых - Tewet, должны провести больше времени или искать другие маршруты.

Clearly you and many others are taking a shortcut through the heart of Banglumpoo. Nobody speaks out against this policy because there are no traffic engineers work for Banglumpoo. Those who speak out independently for small districts appear to be missing. Shortcuts are everywhere. This is one of many aspects of failled traffic engineering. Without policy changes, the shortcuts at Sukumvit 93 and Banglumpoo will continue.

At Banglumpoo, the Chakarpongs Road has to change. Medianstrips must be introduced here as well as at Pra Su Main Road. The traffic lanes must be narrower and lend themselves to the locals and shoppers, and not for the traffic to pass through. Those whose destination is Tewet have to spend more time here or seek other routes.

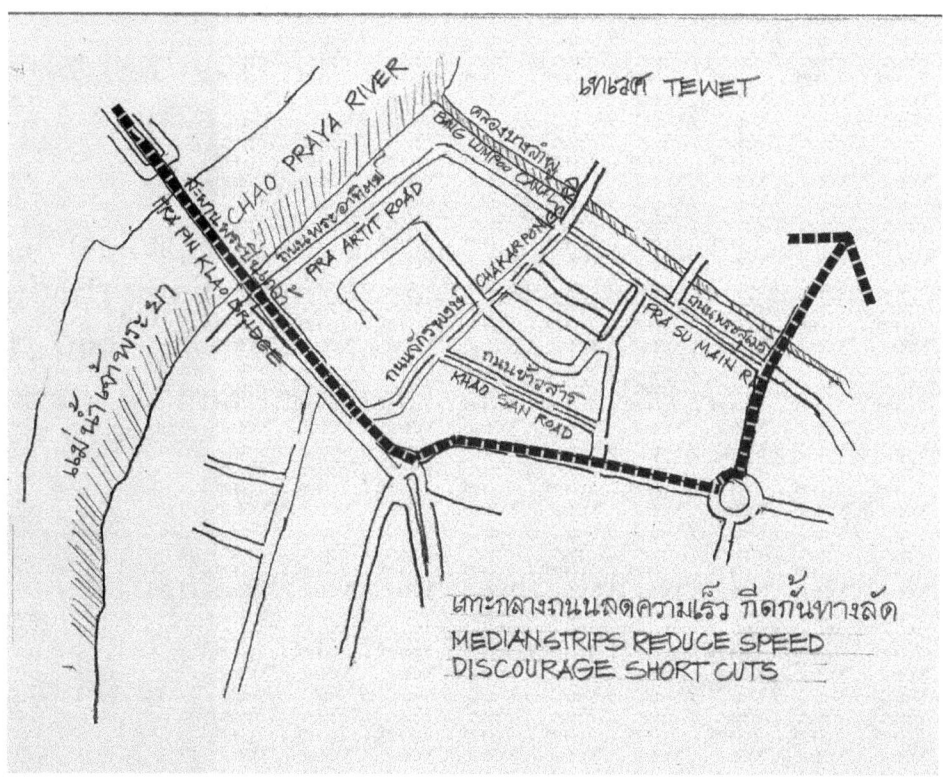

Шикарное транспортное планирование не обязательно планирует движение высокой скорости или приносит шоссе в соседство.

การวางแผนเมืองจราจรฉลาด ไม่ใช่วางแผนเร่งความเร็วหรือนำทางด่วนเข้ามาใน ท้องถิ่น แต่เป็นการวางแผนรับใช้ท้องถิ่นนั้นๆ ที่บางลำพูการลดความเร็วบนถนน บางสายจะช่วยกีดกันจราจรที่จะผ่านไปเมืองอื่น ส่งเสริมธุรกิจและการค้า ลดเสียง ลด ความร้อนและอากาศเป็นพิษ นอกจากนั้นเกาะกลางถนนจะให้โอกาสเพิ่มเนื้อที่ปลูก ต้นไม้และน้ำพุ ที่จอดรถบนถนนอาจมีอยู่ด้านหนึ่งหรือสองด้านของถนน เมื่อนับ ความจุรวมทั้งลานจอดรถโรงจอดรถบางลำพูต้องมีที่จอดรถเป็นสัดเป็นส่วนกับธุรกิจ และการค้า

รถประจำทางอาจเลือกที่จะไม่วิ่งบนถนนเหล่านี้ การจราจรที่วิ่งผ่านทะลุจะต้องหลีก ไปให้พ้นจากใจกลางธุรกิจการค้า การขนส่งมวลชนจะต้องได้รับการปรับปรุงให้ดีขึ้น ปลูกฝังความนิยมการเดิน เมื่ออากาศเย็นลงคนจะมีความอดทนในการเดินมากขึ้น การ เดินควรจะเป็นสิ่งที่มองเห็นว่าเป็นชีวิตประจำวันที่มีคุณค่าแก่สุขภาพอนามัย และจะ ช่วยลดการจราจรในย่านกลางธุรกิจและการค้า

ห้ามรถบางชนิดเข้าบางลำพู ทำบางลำพูให้เป็นย่านห้ามเข้าของพาหนะบางชนิด เช่นรถส่วนตัวที่ไม่มีผู้โดยสาร จักรยานยนต์ และตุ๊ก-ตุ๊ก เป็นต้น

Запретите определенные транспортные средства вхождение в Banglumpoo. Заставьте Banglumpoo не иметь никакого доступа к некоторым типам транспортных средств, то есть водителей без пассажиров, мотоциклов, Tuk Tuk, и т.д.

Smart traffic planning is not necessarily planning for highspeed traffic or bringing highways into the neighborhood. It is a plan to serve the district. At Banglumpoo, speed reduction at some streets will discourage through traffic, promote local business and shopping, reduce noise, reduce heat and air pollution. Additionally, the median strips will lead to more places for tree planting and water fountain opportunities. Street parking may be on one or both sides of the streets. Together with parking lots and structures, parking must be proportionally provided for business and shopping

Buses may not want to run on these streets. All passing through traffic must circumvent the commercial area. Public transportation must be improved. Promote walking. When the air temperature is moderate the people should develop tolerance for walking. This should be seen as a healthy lifestyle choice and can further help in reducing the traffic from the heart of the commercial district.

Ban certain vehicles from Banglumpoo. Make Banglumpoo have no access to some types of vehicles, i. e. drivers without passengers, motorcycles, Tuk Tuk, etc.

ย่านพาหะนะ
ตุ๊ก-ตุ๊กในกรุงเทพฯ-ในบางลำพู

ไม่ว่าจะเป็นเมืองไหนในโลก ทุกเมืองจะต้องพึ่ง รถรับจ้างเป็นส่วนหนึ่งในการเดินทางในเมือง นั้นๆ ตุ๊ก-ตุ๊กเป็นรถรับจ้างชนิดหนึ่งในกรุง เทพฯ เป็นที่รู้จักกันดีว่าเป็นการเดินทางราคา ประหยัดเมื่อเทียบกับรถสี่ล้อ แต่ถ้าผู้ใช้เป็น นักท่องเที่ยวหรือชัดเจนว่าเป็นคนต่างชาติ ราคาตุ๊ก-ตุ๊กอาจไม่ประหยัดนัก

เป็นสิ่งที่ดีที่เรามีของให้เลือก รถส่วนตัว รถ ประจำทาง รถรับจ้างสี่ล้อ หรือสามล้อ-ตุ๊ก-ตุ๊ก

ตุ๊ก-ตุ๊กเข้ามาในกรุงเทพฯ เมื่อประมาณ พ.ศ. ๒๔๙๓ (ค.ศ.1950) โดยบริษัทญี่ปุ่นไดฮัทสุ ปัจจุบันไทย สามารถผลิตรถตุ๊ก-ตุ๊กได้เอง

IT IS HARDLY SEEN, BUT THE LOCAL GOVERNMENT SHOULD CONTROL THIS TREATMENT OF STORE FRONT

Городские средства передвижения:
Моторизованные рикши в Бангкоке и Banglumpoo

City transportation: Motorized rickshaws in Bangkok and Banglumpoo

No matter where you are, any city in the world will depend on taxis, one of the ways to travel in the city.

In Bangkok we have motorized rickshaws, Tuk Tuk, a kind of three wheel taxi. It is known as an economical means of traveling in the city, compared to its four wheeled counterpart, the taxi. But if you are a traveler or an obvious foreigner, Tuk Tuk may not be that economical.

It is good that we have more than one way to choose to travel: private car, bus, normal taxi, and three wheel motorized —Tuk Tuk.

Tuk Tuk was introduced to Bangkok around 1950 by a Japanese manufacturer, Daihatsu. Presently Thailand builds its own Tuk Tuk.

Моторизованные рикши ставят и льготы и долги к городу, который это обслуживает.

ตุ๊ก-ตุ๊ก มีทั้งประโยชน์และปัญหากับบ้านเมือง บางแห่งในโลกได้ยกเลิกการใช้รถตุ๊ก-ตุ๊กไปแล้ว เช่นศรีลังกา (เครื่องยนต์ ๒ จังหวะ) เนปาล (กัธมันดู - เครื่องดีเซล) กัลกัตตา จันดิการ์ (ห้ามรับเด็กนักเรียน - ไม่ปลอดภัย) เดลฮี พยายามจะยกเลิก

ในย่านการค้าเมืองประวัติศาสตร์ - บางลำพู การนำตุ๊ก-ตุ๊กเข้ามาให้มีบทบาทในชีวิตประจำวันเป็นการเปลี่ยนแปลงหน้าตาของท้องถิ่นที่น่าเสียดาย ตุ๊ก-ตุ๊กไม่ควรมีส่วนร่วมในประวัติศาสตร์นั้นเพราะตุ๊ก-ตุ๊กเป็นการพัฒนาที่ฉาบฉวย ประวัติศาสตร์บางลำพูไม่ได้เริ่มเมื่อ พ.ศ. ๒๔๙๓ (ค.ศ. 1950) แต่ ๒๐๐ ปีก่อนนั้นอย่างน้อย

ถ้าบางลำพูไม่มีรถตุ๊ก-ตุ๊ก บางลำพูจะมีโฉมหน้าสมที่จะเป็นเมืองประวัติศาสตร์ควรแก่การคุ้มครองที่บ้านเมืองมอบให้ในอดีตที่ยาวนาน ในปัจจุบันและอนาคตที่น่าเป็นห่วง แต่เราจะแยกตุ๊ก-ตุ๊กไปจากบางลำพูหรือแยกบางลำพูไปจากตุ๊ก-ตุ๊กได้อย่างไร?

Но как мы можем держать Моторизованных рикш из Banglumpoo?

Tuk Tuk poses both benefits and liabilities to the city it serves. Some cities, after certain experiences, have already banned Tuk Tuk. Sri Lanka bans the two cycle engine model; Nepal bans the Diesel engine model in Katmandu; Kalgatta bans, Chandigarh prohibits Tuk Tuk from transporting school children for personal safety reasons; New Delhi has been trying to ban the Tuk Tuk.

In a historic place like **Banglumpoo**, allowing Tuk Tuk presence appears to color or decorate the historical place unfavorably. Tuk Tuk represents a struggling and unrefined form of transportation development. Its image is in conflict with a preserved character of a neighborhood dated back to 1782, if not older.

If Banglumpoo is rid of the Tuk Tuk, its character will be better justified as a historic district and will make it well balanced as a truly preserved neighborhood in the past, present, and the future.

But how can we succeed keeping Tuk Tuk out of Banglumpoo?

Если мы не изменяем это теперь, каждый день вперед - слишком поздно.

แยก-กั้น-ห้าม ตุ๊ก-ตุ๊กไปจากบางลำพูหรือบางลำพูไปจากตุ๊ก-ตุ๊กให้ได้สองวิธี หนึ่งกำหนดขอบเขตที่ตุ๊ก-ตุ๊กเข้าได้หรือเข้าไม่ได้ อีกวิธีหนึ่งคือยกเลิกตุ๊ก-ตุ๊กทั้งกรุงเทพฯ แน่นอน ทั้งสองวิธีจะมีผลกระทบทั้งสองฝ่าย ผู้ใช้บริการและผู้ให้บริการในด้านเศรษฐกิจ ไม่ใช่ด้านประวัติศาสตร์หรือวัฒนธรรม การปล่อยให้ตุ๊ก-ตุ๊กเป็นส่วนหนึ่งของเมืองประวัติศาสตร์ย่อมคล้ายคลึงหรือเสมือนกับมุงหลังคาวัดพระแก้วด้วยสังกะสี ล้อมพระราชวังด้วยรั้วลวดหนาม รับประทานแกงจืดด้วยมีดและซ่อม หรืออะไรหลายๆ อย่างในชีวิตประจำวันของเราที่ขัดกัน ปล่อยให้ตุ๊ก-ตุ๊กเป็นกลิ่นไอของตำบลประวัติศาสตร์เป็นสิ่งที่จะทำให้ลูกหลานสมัยต่อๆไปเข้าใจและยอมรับกลิ่นไอประวัติศาสตร์ผิดๆ บ้านเมืองที่ร้อนระอุและดังสนั่นหวั่นไหวจะเพิ่มภาระให้ผู้คนมีความกดดันในชีวิตประจำวันมากขึ้น นอกจากนั้นไอเสียอากาศเสียที่ได้มาจากตุ๊ก-ตุ๊กในเมืองใหญ่นับวันแต่จะเพิ่มสภาพลบให้กับสุขภาพของประชาชน ถ้าไม่คิดแก้ไขวันนี้ ทุกวันในปัจจุบันและอนาคตจะเป็นทุกวันที่สายเกินไป

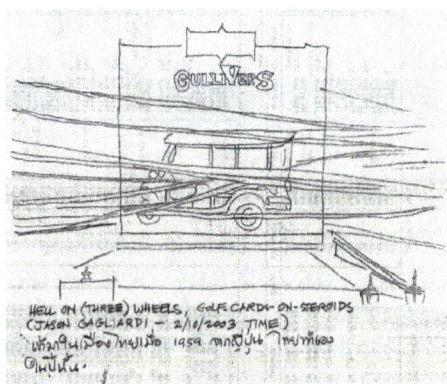

Запретите Tuk Tuk от Banglumpoo, может быть сделан (1) limiring территории, где Tuk Tuk может достигнуть, или (2) запрещение Tuk Tuk из Бангкока полностью.

Keeping Tuk Tuk out of Banglumpoo can be accomplished by (1) setting territories where Tuk Tuk can reach, or (2) banning Tuk Tuk from Bangkok entirely.

Certainly, both will impact the users and the service providers economically. But not in the sense of tradition or history. By doing nothing -- continuing to accept Tuk Tuk operating in the historic district, we will continue to allow the mismatch of the urban components to co-exist. This could be compared to doing the roofing of the Emerald Buddha temple with the corrugated steel sheets; walling off a palace with barbed wire fences; eating a bowl of soup with knife and folk; or doing anything else in our daily life in nonsensical way. When Tuk Tuk remains part of the historic fabric it will mislead the younger generation to assume Tuk Tuk as our authentic history. It is not.

The hot and humid city with the additional noise and polluted air from Tuk Tuk will continue, as we know, to add stress to our everyday life and add the negative impact to the public health.

If we don't change it now, each day forward is a day too late.

ริชาร์ด แบรนสัน (RICHARD BRANSON) ผู้ของบริษัทการบินเวอร์จิ้น แอทแลนติก (VIRGIN ATLANTIC) ประกาศให้รางวัล ๒๕ ล้านเหรียญอเมริกันแก่ผู้ที่สามารถเก็บแก๊สคาร์บอนไดอ๊อกไซด์ (CO_2) ออกจากอากาศได้ แก๊สไอเสียรถยนต์ ผลิตคาร์บอนไดอ๊อกไซด์ ๙๘% (น้ำหนัก) คาร์บอนมอนอ๊อกไซด์เกือบ ๒% ไฮโดรคาร์บอนน้อยกว่า ๑% และไนโตรเจนอ๊อกไซด์น้อยกว่า ๑% แก๊สเหล่านี้ โดยเฉพาะคาร์บอนไดอ๊อกไซด์เมื่อผสมกับอ๊อกซิเจนจะกลายเป็นผ้าห่มเก็บความร้อนไว้ในบรรยากาศ ถ้าเราไม่ทำอะไรเลยที่จะเปลี่ยนแปลงสังคมเพื่อลดปริมาตรแก๊สเหล่านี้อากาศจะร้อนขึ้นหลายองศาเมื่อสิ้นศตวรรษนี้ ถ้าเราเปลี่ยนแปลงลดการใช้ลอยตุ๊ก-ตุ๊กในบางลำพูหรือกรุงเทพฯ เราไม่เพียงแต่ช่วยบ้านเมืองของเราอย่างเดียว เราช่วยเพื่อนร่วมโลกให้พ้นจากความร้อนนี้ด้วย

Ричард Брансон, магнат авиалинии, владелец Девственной Атлантики предлагает вознаграждение за 25 миллионов $ за те, кто может удалить углекислый газ (CO2) из атмосферы.

Richard Branson, an airline mogul, owner of Virgin Atlantic offers a $25 million award for those who can remove carbon dioxide (CO2) from the atmosphere. Automobile exhaust produces 98% carbon dioxide, by weight; almost 2% carbon monoxide, and almost 1% hydrocarbon and nitrogen oxide each. These gases and CO2, when mixed with oxygen will form a blanket which traps the heat in the atmosphere. It is expected to raise the temperature considerably by the end of the century if nothing is done to reduce it.

If we change, reduce, remove Tuk Tuk traffic from Banglumpoo or Bangkok, we not only save our homes, but we also save the world from the threat of this manmade heat.

Если мы изменяем, уменьшаем, удаляем Tuk Tuk движение от Banglumpoo или Бангкока, мы не только сэкономили наши дома, но и мы также сэкономили мир от угрозы этого загрязнения воздуха.

Люди в некоторых европейских и тайских семьях, особенно женщины, изменяют несколько платьев в день, зависят, куда они идут: к банку нуждается в одном платье,
возвращаясь домой, чтобы измениться в другую одежду, чтобы пойти к продовольственному магазину, изменение в еще одну одежду, чтобы играть в настольный теннис в конце дня. Это - практика семьей в Москве.

บทที่ ๑๒

วัฒนธรรม ประเพณี
ที่ต่ำที่สูง

บางคนในครอบครัวคนยุโรปหรือไทย โดยเฉพาะผู้หญิง เปลี่ยนเครื่องแต่งตัววันละหลายครั้งเพื่อไปในที่ต่างๆ ตื่นตอนเช้าไปธนาคาร แต่ง ๑ ชุด กลับบ้านมาเปลี่ยนอีกชุดเพื่อไปซื้อกับข้าว อีกชุดไปเล่นปิงปองตอนเย็น นี่คือการปฏิบัติของครอบครัวหนึ่งในมอสโคว์

Chapter 12

Уважайте Культуру и Традицию
Благовоспитанность Предложения

Respect Culture and Tradition Offer Good Manners

People in some European and Thai families, especially women, change outfits several times a day according to where they go: waking up and going to a bank requires one outfit, going back home to change into another outfit to go grocery shopping, changing into yet another outfit to play ping pong (table tennis) at the end of the day. This is a practice by a family in Moscow.

บางคนในครอบครัวคนยุโรปหรือไทย โดยเฉพาะผู้หญิง เปลี่ยนเครื่องแต่งตัววันละหลายครั้ง เพื่อไปในที่ต่างๆ ตื่นตอนเช้าไปธนาคาร แต่ง ๑ ชุด กลับบ้านมาเปลี่ยนอีกชุดเพื่อไปซื้อกับข้าว อีกชุดไปเล่นปิงปองตอนเย็น นี่คือการปฏิบัติของครอบครัวหนึ่งในมอสโคว์ นี่เป็นประเพณีของรัสเซียทั้งประเทศหรือไม่ๆมีใครบอกได้ ครอบครัวนี้บอกว่าแต่งตัวเพื่อให้สอดคล้องกับสถานที่เหล่านั้น คนไทยบางครอบครัวก็คล้ายกัน เพียงเคร่งน้อยกว่า เขาต้องการให้ดูดีเวลาออกไปนอกบ้าน บางลำพูยินดีที่จะให้คนเหล่านี้มาทุกวัน จะทำให้สถานที่ดูสวยงาม เป็นการดีที่จะได้เห็นคนแต่งตัวดีในเมืองประวัติสาตร์ ทั้งๆที่ไม่จำเป็นต้องแต่งอย่างไปในวังหรือวัดพระแก้ว

Это то, где Эмералд Будда проживает? Да, действительно.

People in some European and Thai families, especially women, change outfits several times a day according to where they go: waking up and going to a bank requires one outfit, going back home to change into another outfit to go grocery shopping, changing into yet another outfit to play ping pong (table tennis) at the end of the day. This is a practice by a family in Moscow. Whether or not this is mostly a Russian practice nobody can confirm. The family says they dress out of respect for the places they go to. Some Thai, to a lesser degree, make sure they look good when they go out. Banglumpoo would love to have these people coming every day. It's an uplifting environment. It's always nice to see beautiful outfits in historic places, although this doesn't have to be like when the people visit palaces or the Emerald Buddha Temple.

Oxana.
"Это - уникальный образ жизни,
Который я знаю и делаю каждый день."

บางคนมาบางลำพูอย่างไม่ได้ตระเตรียมหรือเตรียมมากเกินไป บางคนทนร้อนไม่ได้เลยต้องเดินเท้าเปล่า ถอดเสื้อ ไม่ใส่เสื้อชั้นใน (ผู้หญิง) ฯลฯ พวกนี้บางคนเป็นนักท่องเที่ยว เมืองประวัติสาตร์คาดจะได้รับการนั้บหน้าถือตาระดับหนึ่ง นอกจากนั้นเด็กนักเรียนเล็กๆในละแวกใกล้ๆจะได้ประโยชน์จากการได้เห็นสิ่งดีงามที่บางลำพู ด้วยการช่วยแพร่ข้อมูลโดยโรงแรมนักท่องเที่ยว การร่วมมือจากนักท่องเที่ยวและประชาชนควรประสพความสำเร็จไปด้วยดี ให้ข้อมูลมฟ้าอากาศทุกๆวัน แนะนำคนเหล่านั้นว่าบางลำพูต้อนรับการแต่งกายสุภาพ เป็นกันเองหรือเป็นเครื่องแต่งตัวประจำชาติไดๆก็ได้ บอกให้ทุกคนรู้ว่าบางลำพูไม่สนั้บสนุนการเดินเท้าเปล่า ถอดเสื้อ ไม่ใส่เสื้อชั้นใน ชุดอาบน้ำ ชุดนุ่งน้อยห่มน้อย แต่งตัวอย่างนั้บหน้าถือตาบางลำพู

Some people come to Banglumpoo unprepared or too much prepared. Some may not be used to the warm weather which forced them to resort to bare feet, toplessness, bralessness (women), etc. Some are among the tourist population. Historic neighborhoods expect a level of respect. Additionally, young school children nearby can benefit from Banglumpoo's positive outlooks. With the help of tourist information at hotels, such cooperation from tourists and others should be easily accomplished. Advise them about the weather forecast each day. Polite, casual, or national outfits of other nations are welcome. Make them aware that going barefoot, topless, braless, and wearing bathing suits and bikinis would be discouraged. Dress in a way that is respectful of Banglumpoo.

Молодые школьники поблизости могут извлечь выгоду из положительных перспектив Banglumpoo

ลูกค้าแต่งตัวดีอย่างเดียวอาจไม่เพียงพอ บางครั้งพ่อค้าแม่ค้ายังต้องรับผิดชอบให้ตัวเขาเองให้บางลำพู เป็นที่เข้าใจกันว่าเขาเหล่านั้นแต่งตัวดี แต่เมื่อรูปประดับตู้กระจกหน้าร้านหรือป้ายโฆษณาธุรกิจมีคำถาม ไม่สมควร หรือชัดเจนว่าสกปรก สิ่งเหล่านี้ควรมีการนำมาเจรจากันในระหว่างพ่อค้าแม่ค้า หรือนำขึ้นไปถึงประชาคมบางลำพู บางลำพูจะต้องอยู่ในฐานะสูง ไม่ใช่เฉพาะเราต้องคุ้มครองเด็กเท่านั้น แต่เราต้องให้การนับหน้าถือตาการศาสนา โดยเฉพาะพุธศาสนา อย่างน้อยเรามีวัดที่มีชื่อเสียงสองวัดซึ่งอยู่ไม่กี่ร้อยเมตรจากใจกลางย่านการค้า พระสงฆ์จะยังเป็นส่วนหนึ่งของบางลำพู ไม่ว่าจะเป็นการตักบาตรหรือกิจกรรมอื่นๆ การแสดงรูปภาพที่เป็นคำถามเป็นการขัดแย้งคำสอนในพุธศาสนา ถ้าไม่ขัดแย้งศาสนาอื่นอย่างหนึ่งจะต้องยกเลิกไปเพื่อคงไว้อีกอย่างหนึ่ง รูปภาพที่ขาดรสนิยมที่ดีเหล่านี้จะต้องถูกยกเลิกไป

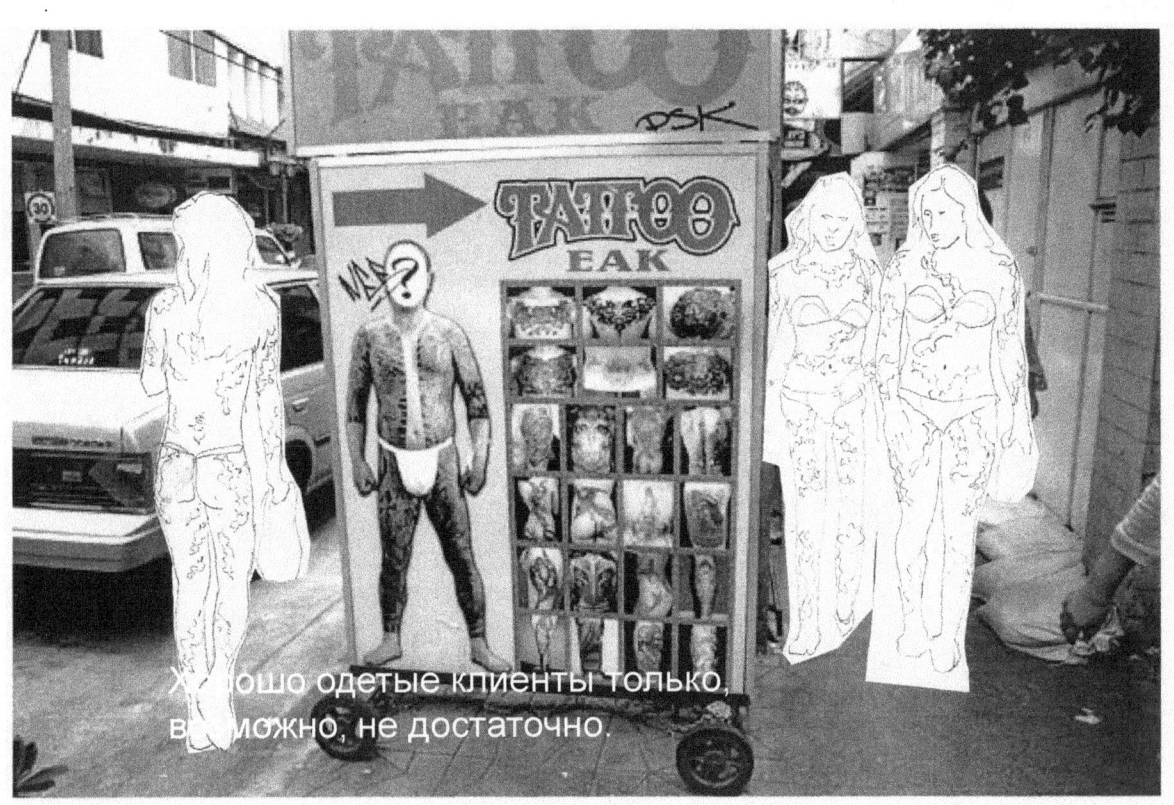

Хорошо одетые клиенты только, возможно, не достаточно.

Well-dressed customers alone may not be enough. There are times that vendors and business owners should take responsibilities for themselves and for Banglumpoo. Assuming they themselves dress well, they may nevertheless have window dressing, posters, or graphic business signs that appear questionable, grotesque, or downright dirty. This should be discussed among the vendors or brought to the level of Banglumpoo Association. Banglumpoo must be kept in high regard, not only because we need to protect the children, but also out of respect for religions, especially Buddhism. At least two prominent Buddhist temples are within few hundred meters of the heart of the commercial district. Buddhist monks will continue to present in Banglumpoo either to participate in alms giving or other activities. Such questionable displays or signs are in conflict with the teaching of Buddhism, if not many other religions. One must go if the other must stay. The signs of **poor taste** must go.

Такие сомнительные показы или признаки находятся в конфликте с обучением Буддизма, если не другие религии. Нужно пойти, если другой должен остаться. Признаки бедного вкуса должны пойти.

ชาวบางลำพูจะต้องไม่คิดว่าการแก้ปัญหานี้เป็นปัญหา แต่ควรจะภาคภูมิใจที่สามารถทำสถานที่ให้เหมาะสมกับวัด พระสงฆ์ และศาสนาอื่นด้วย ชาวบางลำพูควรจะจำไว้ว่าบางลำพูเป็นสถานที่พิเศษ เป็นสถานที่ๆโชคดี เป็นที่รู้กันว่าแตกต่างไปจากกรุงเทพฯส่วนอื่น สำหรับผู้ที่มีความสงสัยให้ย้อนกลับไปวันที่ ๒๒ ตุลาคม ๒๔๙๙ เมื่อพระสงฆ์รูปหนึ่งเลือกที่จะจำวัดที่วัดหนึ่งในบางลำพู วัดนั้นคือวัดบวรนิเวศ พระสงฆ์รูปนั้นคือพระบาทสมเด็จพระเจ้าอยู่หัว แห่งประเทศไทย

Люди Banglumpoo не должны взять это как проблема а скорее быть гордыми, что они могут облегчить надлежащие окружающие среды для храмов, монахов и возможно для других религий также.

The people of Banglumpoo must not take this as a problem but rather be proud that they can facilitate proper environments for the temples, the monks and perhaps for other religions as well. It must be remembered that Banglumpoo is a very special place; it is very fortunate to be known very differently from many other places in Bangkok. Let anyone who's in doubt go back to October 22, 1956 when a monk chose to stay in a temple in Banglumpoo. The temple is Borwornives, the monk is **the King of Thailand**.

Позвольте любому, кто - под сомнением возвращаются до 22 октября 1956, когда монах хотел оставаться в храме в Banglumpoo. Храм - Borwornives, монах - Король Таиланда.

รายละเอียดวัฒนธรรม

Cultural Details

ไทยเขียนชื่อภาษาอังกฤษส่วนมากใช้ PH ทั้งๆที่จะให้ออกเสียง พ สำหรับคนต่างชาติทีใช้ภาษาอังกฤษ PH จะให้เสียงที่ผิด บางลำพู เป็นบางลำฟู ผู้เขียนพยายามไม่ใช้ PH ในกรณีที่ต้องการ พ

Thais write names using a lot of PH even when they mean to sound P. To English speaking foreigners this could mislead the pronunciation. Banglumpoo will be Banglumfoo. The author tries not to use PH for P

.

ชื่อภาษาอังกฤษ Banglumpoo, Bang Lumpoo, หรือ Bang Lumphu? ผู้เขียนเลือก Banglumpoo คำว่า Bang มีหลายความหมาย รวมทั้งเป็นภาษาตลาดที่มีความหมายเรื่องเพศ

Banglumpoo, Bang Lumpoo, or Bang Lum phu? The author chooses Banglumpoo. Bang in English has several meanings; it also has an offensive meaning.

ชื่อบางลำพูในภาษาไทยมีการเขียนได้สองวิธี บางลำพู และ บางลำภู ผู้เขียนเลือก บางลำพู เพราะเห็นใช้กันมาก เรื่องราว เป็นมาอย่างไรผู้เขียนไม่ได้ติดตาม

Banglumpoo in Thai has been written in two ways. At ....poo (พู), there's Por Parn (พ) and Por Sum Pao(ภ) to choose. The author chooses Por Parn (พ) because it's more popular. If there's a story behind it, the author did not research it.

www.ingramcontent.com/pod-product-compliance
Lightning Source LLC
Chambersburg PA
CBHW080214040426
42333CB00044B/2668
* 9 7 8 0 9 9 1 0 8 1 8 0 6 *